大是文化

別用「我很努力」感動自己

作
了的難題：

缺
找不到目標、不敢做選擇……

哲
過，他們這樣找出了解答。

心理學專家，
東北師範大學碩士
劉睿——著

目錄

第三部 關於欲望，我該怎麼控制又該怎麼選擇……151

推薦序一

哲學家的智慧，讓我們不必繞遠路就能解鎖人生

閱讀人社群主編／鄭俊德

什麼是愛？什麼是美？怎樣才能得到快樂、變得幸福？你審視過自己的人生嗎？

我總是很欽佩學哲學、擅長思考哲學的朋友，他們可能有點瘋狂，卻又帶著誠實勇敢，能夠擺脫傳統道德宗教的束縛，不顧旁人的眼光，為了某項自己認同的價值痴迷努力。

懂哲學的人，談吐間會有股特殊的氣質，機智、善於發問，能包容各種回應，且不隨意給人任何制式化的標準答案；在面對繁瑣的人生難題時，總能雲淡風輕的看待萬事，如風飄逸、如水柔軟，隨心所欲的優雅生活。

過去，哲學於我而言，儼然就是一門高僧修士在研讀的學問。

後來，我陸續透過一本本好書自讀自學，嘗試了解哲學，慢慢咀嚼過後，才有了新的體驗。

拿起這本書《別用「我很努力」感動自己》，光看到標題會以為是勵志雞湯，但翻開後才知道，原來是用哲學解釋人生，才展開幾頁，我的心就深深被觸動，彷彿看見書中的哲學家，引導著我去理解前人的思想。

透過哲學家巧妙的對談問答，我不必繞遠路就能解鎖人生，找到解答。每篇故事都讓我很享受其中，帶領我更認識內在真實的自己，平靜的文字裡澎湃而有力量，我想這就是所謂的閱讀哲學後座力吧！

英國哲學家羅素（Bertrand Russell）曾說：「對愛情的渴慕、對知識的追求，以及對人類苦難無與倫比的同情，這三種情感極其強烈的支配著我的一生。」

我們每一個人都是生活的哲學家，哲學就是一種生活型態，能蘊藏於生活的每一個角落，我們同樣追求愛情，渴望自由，想要幸福，且熱愛真理的生活寫照。

蘇格拉底（Socrates）說：「未經審視的生活不值得過。」從以前我就很喜歡這句話。

早期，蘇格拉底對自己的生活不斷反思，還會不斷刺激別人去反思生命、追求智慧，他每天在廣場上和不同的人討論各種問題，對大家不曾深入思考的事物發問，例如：正義是什麼？勇敢是什麼？

反觀今日，雖然供人們討論的廣場已不復存在，但也出現了更為廣闊的網絡。我們每天在線上討論的，可能是生活的難關、八卦時事、政治的黑暗，這些話題似乎離哲學很遠，但從這本書的提醒中，原來無處不哲學。

生活中的難題是自己造成的，還是環境使然？眼前看見的時事八卦到底是真是假？政治真如我們想像的淪為無止境的鬥爭？還是其實都只是表演，為了掩蓋某些事實……很多事情，當你好好叩問哲學，就能帶來真理的足跡。

書中有一段故事也讓我印象深刻，一個年輕人詢問知識淵博的古希臘哲學家德謨克利特（Democritus）：「什麼是快樂？」

德謨克利特回答：「快樂與不適，構成了你應該做和不應該做之事的標準，也決定了有利和有害之間的界限。」

「那是不是吃得好、穿得好就是快樂呢？」

「只沉溺於口腹之欲……快樂是很短暫的。隨之而來的壞處卻很大。」

當然從字面上理解，壞處除了對健康影響外，書中更提醒我們，追求善良比追求肉體快樂更有價值，**靈魂的餵養需要美善而非欲望**。

最後鼓勵各位讀者，慢慢細讀這本書，躺著思考，走著也可以思考，透過這本書，你會漸漸了解哲學，並理解人生就是哲學。

推薦序二

若只是渴望掌聲，可能會讓你的人生價值叫好不叫座

暢銷作家／蔡侑霖 Danny Tsai

閱讀完劉睿的新作品，不難想像是出自熱愛生命的治療師而寫，原因是，太真實了！在故事中會發現暗喻現代飲食男女的心情、現實生活的情況，在作者的指引之下，其背後意涵深刻而顯白。

經歷多年的工作磨練、人際關係的來去，你會不小心變得世俗，開始隱藏自己的真實情感。戴上面具後的你，會學著圓融的處理每段關係，隱惡揚善讓人們看見最美好的結果，過程的艱澀與挫敗感，便私下默默消化。

接著你開始催眠自己：「我很好，我一定能完成這件事！」、「再不開心，明天太陽

出來又是重新開始」，這類對鏡子說服般的喊話，一而再、再而三的反覆出現。

從起床到就寢、上班到下班，心態或許能短暫的被當下情緒收買，獲得一時的認同；但事實上，問題依舊原封不動停留在你糾結的心思上，該處理的、該面對的，都彷彿成了爛泥般，讓自己越陷越深。

若總覺得每天都過得不怎麼開心、做任何事情都不順遂，就應該深思自己是否被周遭的環境過度干擾了。老是想試圖說服他人，認為計畫得照著自己劇本走才正確……到頭來卻都往往不如預期，除了讓自己裡外不是人，筋疲力盡的憔悴，甚至還有可能把人生安排都莫名打亂了。

很喜歡書中幾篇章節，經過這些年的經歷，我認為自己也到了對生活遊刃有餘的年紀。每天的日常，外在的人、事、物和關係，不可能全都順著自己的心意，即使我們努力花心思計較，也不見得能完全掌控。

反過頭來，要是我們可以改變對事物的看法，學習用別的角度去體悟，就不會在遇到狀況時措手不及；防患於未然，自然就可看淡那些無意義、患得患失、且只會影響心情的瑣事。與其讓自己心神不寧過日子，優雅自在，隨心踏實的提早準備，這才能使你的情緒釋放出來一點，關係更簡單一些。

你得做好自己的本分，每個階段的樣貌，每個年紀的角色，都只和跟自己斤斤計較就好。我們面臨的挫折與嚮往，最終都會推向自己欲求的終點站。

然而，評分的好壞、成功與失敗，這些責任肯定不會落在他人身上。憑什麼讓別人來當你生命中的評審，對著你指指點點，批判你的努力及不客觀的劣勢？

凡事盡力，會使自己就多一份無愧的安心。每個階段都是人生的積累，都請好好為自己負責，向理想人生努力前進。

短暫的人生，只要想著為自己堅持、自在踏實就好，沒必要為了外在的任何原因委屈自己，滿足他人期望、吸引他人的注目。

這本書，將讓你思考每個生命階段的價值，而你做的每個決定，也都會帶領你前往某個方向。找到價值、佇立定位，在人生舞臺提早準備好，才會演得精采而自在！

前言

你正傷腦筋的人生難題，哲學家們是這樣找到答案的

一直以來，哲學都像是神廟上的神諭，被人們視為神聖又艱深晦澀的學問，以至於連追求哲學的哲學家，都被人們供奉在高高的神龕之上，成為人們敬而遠之的群體。

然而，哲學家絕不只是性格古怪、行為詭異和脫離世俗，這些負面名詞的綜合體，這些詞描繪的只是他們的其中一個面向，遠遠不是全貌。

事實上，哲學家和我們每一個人一樣，生活在現實的世界。**所有我們曾遭遇過的難題、困惑，他們也都面臨過，並以自己的方法（也就是哲學）解決**。我曾經看過一些關於趣味哲學和哲學故事的書，在那些著作中，深奧的理論都蘊含在一個又一個的小故事中，讓讀者在輕鬆的環境中去了解哲理、體味哲學；讓讀者相信哲學不應該被束縛在神廟裡，成為少數人和眾神饗食的祭品；讓讀者相信**哲學就是生活，並且蘊藏於生活的各個角落，人人**

都可以學哲學。

受到這些著作的啟發，我也希望能夠還原哲學家們真實的面貌，讓讀者們從中找到解決生活難題的方法。

哲學是可愛的，這不應該被嚴謹的治學態度和艱深的思想所掩蓋。維根斯坦（Ludwig Wittgenstein）是一個標準的哲學家，他聰明絕頂，卻又認真踏實，一絲不苟；生活上清心寡欲，拒絕繼承巨額財產，過著準修道士的禁慾生活。從某種意義上來說，他的生活就是人們想像中的「哲學家式枯燥生活」。

但是，我們在他的生命中仍然可以看見許多閃閃發光的趣事。當維根斯坦閱讀完英國哲學家羅素的著作後，對哲學產生了濃厚的興趣，於是他就跑去問羅素自己是不是一個天才，如果是，他就研究哲學，做一個哲學家；如果不是，他就回去開飛艇。

還有一次，他和病重的哲學家摩爾（George Edward Moore）討論哲學，遠遠超過了規定的探病時間，摩爾的夫人指責他妨礙摩爾休息，影響摩爾健康。他卻說，談論哲學問題是摩爾的興趣所在，如果真的在談論問題過程中，摩爾因為過於激動而死去，那就讓摩爾死好了，因為那樣死得其所，一個人應該用他畢生的精力，去從事自己所擅長的事，而不應該單純為了延長生命而放鬆對工作的努力。

在眾多哲學家中，這樣可愛的事例不勝枚舉。他們或是因為自己的機智，或是因為自己的痴迷，或是因為自己的單純，在日常生活中做出一些讓我們覺得可笑又可敬的行為。他們確實是一群很可愛的人，只是需要我們去親近、去發現。

誠然，哲學家的隊伍中有很多像康德（Immanuel Kant）、阿奎那（Thomas Aquinas）這樣嚴肅的知識分子，但也不乏盧梭（Jean-Jacques Rousseau）、羅素這樣的浪漫主義者，他們具有詩人一般的氣質。他們追求愛情，追求自由，熱愛生活，熱愛真理。

羅素曾說：「對愛情的渴慕、對知識的追求，以及對人類苦難無與倫比的同情，這三種情感極其強烈的支配著我的一生。」這三種情感是羅素一生的真實寫照，也是大部分哲學家的生活寫照。

當然，哲學家們由於性格、人生經歷、研究的領域，也會做出一些奇特的行為，在常人看來這些都很匪夷所思。例如畢達哥拉斯（Pythagoras）曾阻止人們鞭打一條幼犬，說牠體內有他一位朋友的靈魂；尼采（Friedrich Nietzsche）則抱著馬的脖子哭泣喊道：「我的兄弟啊！」

德國哲學家黑格爾（Georg Wilhelm Friedrich Hegel）曾經說：「對於同一條宗教格言，一個老人和一個小孩說出來的意義是不一樣的。因為對於這個老人來說，這條格言包含著他所有的生活；而對於這個小孩來說，或許他能夠理解格言的意思，但是格言只是格言，裡面沒有生活。」

對於哲學家來說，他的生活就是他的哲學，他的哲學就是他的生活，我們可以不理解，但我們必須寬容，我們要捍衛他們的權利。除了奇怪的行為外，哲學家也會犯下一些錯誤，就像亞里斯多德（Aristotle）曾經斷言十磅重的鐵球下落速度是一磅鐵球的十倍。或許正如德國哲學家海德格（Martin Heidegger）所說：**「思想偉大的人，犯的錯誤也大。」**

哲學家是一群愛思辨的傢伙，他們有自己可愛的一面、有自己的浪漫情懷、有自己的搞笑天分，他們都是有血有肉的人。我們接觸他們的軼聞趣事，就是接觸他們的生活，而了解他們的生活，就是了解他們的哲學。

我的目的不是抬高哲學家在神龕上的位置，也絕不是要把他們從神龕上拉下來。我希望透過收集、整理哲學家們的一些哲理故事、生活趣事，向讀者們展現一個個豐滿的、全面的哲學家形象，引導讀者了解哲學家的生活，了解他們的哲學，以更寬容、更謹慎的思辨心態去看待哲學及人生。

笛卡兒（René Descartes）曾說：**「最偉大的人有最高尚的美德，同時也能做最糟糕的壞事。」**那些試圖從哲學中尋找人生智慧的人應該小心，儘管哲學能夠啟迪你的智慧，但是不要迷戀哲學家月光下的側影，小心迷失了回家的路。那些愛思辨的傢伙的另外半張臉，你看見了嗎？

第一部

幸福從何而來，哲學家這樣解答

01 想鉗住別人的嘴，得靠知識，不是口才

——科學和哲學之祖，古希臘哲學家泰勒斯

一天晚上，古希臘哲學家泰勒斯（Thales）到野外觀察星空，他一邊走一邊仰望天空，突然間「噗通」一聲，一下子摔進了一個大水坑裡，弄得狼狽至極。原來他的注意力太集中了，沒有注意到前面有一個大水坑。幸好水不是很深，可是他卻沒有辦法爬上來。

「救命啊，救命啊！」泰勒斯只好高聲呼救。

過了一會兒，有人路過，把他從水坑中拉了起來。

「明天會下雨！」泰勒斯一邊抖動衣服，一邊神祕的對幫助他的人說。似乎是為了報答那個人的救命之恩，才告訴他這個消息的。

「我才不需要你告訴我這個消息，以後你還是多看看地上的路吧。」那個人不以為意的回答。

在回家的路上，那個人把泰勒斯的預言告訴了城裡的人，大家都覺得好笑，認為泰勒斯是個十足的傻子。可是第二天果然下起了雨，人們對泰勒斯能夠知道天上的事情感到很驚訝。

兩千多年後，黑格爾評論這個故事說：「**只有那些永遠躺在坑裡，從不仰望天空的人，才永遠也不會掉進坑裡。**」後來，泰勒斯又成功預言了日食現象。於是，人們覺得他「上知天文，下知地理」，便把他看作聖人。

可是，由於泰勒斯把時間和金錢都用來研究學問，既不做官，也不經商，城邦裡的一些人認為他不務正業，對他議論紛紛。

有天，一個開油坊的富人在大街上和他不期而遇，他不懷好意的對泰勒斯說：「泰勒斯啊泰勒斯，你雖然知道天上的事情，可是卻看不見腳下的水坑。你雖然被稱為最聰明的人，可是卻一貧如洗。可見你的哲學一點用處都沒有！」

為了向人們說明知識對人類生活的重要作用，泰勒斯決定找個機會教訓教訓那些嘲笑知識的人，他在一首詩中寫道：

多說話並不表示有才智，
去尋找唯一智慧的東西（關於世界的知識）吧，去選擇一件美好的東西吧，這樣你就會鉗住許多人的嘴。

某年冬天，泰勒斯在觀察天象時發現，來年會特別有利於橄欖的生長，他預測明年橄欖一定會大豐收。於是，他拿出了全部的積蓄，租用了米利都和丘斯兩個城邦所有閒置的橄欖榨油機。由於當時正好是冬季，而且橄欖連續幾年都歉收，好多油坊都閒置起來，所以泰勒斯以很低的租金就搞定了這件事。當然，泰勒斯也租用了那位看不起他的富人的榨油機。

到了第二年，橄欖果然大豐收了，即使這兩個城邦所有油坊的榨油機全部開足馬力，也來不及加工。

這時幾乎所有的油坊老闆都想到了泰勒斯去年租用的那些空閒的榨油機，泰勒斯也當然抬高了租金。由此，他大大的賺了一筆。

去年當泰勒斯向那個富人租用榨油機時，他還暗中嘲笑泰勒斯是一個傻瓜，可是現在他也不得不求助於泰勒斯。泰勒斯毫不留情的向他索要了最高的租金，由於這位富人沒有別的辦法，只得忍痛接受了泰勒斯苛刻的條件。

後來，亞里斯多德在評價這個故事時說：「**只要哲學家們願意，就很容易發財致富，但是他們的雄心壯志並不在此。**」

什麼是萬物的本原？第一個答案是「水」

「本原」是宇宙論的核心概念，可以說是第一個哲學概念。本原主要有兩方面的含義：「開端」和「主宰」。泰勒斯把「水」假定為構成宇宙的本原物質。

其實不難理解他為什麼選擇水作為基本物質，因為水有三種存在形態：液態、固態和氣態。他認為，儘管物體聚合的形態可以不同，但其本質依然是相同的，因而斷定一切物體都是由同一種物質構成。

在說明地球於眾星體之中的位置時，他斷言，地球飄浮在空間中，正如一顆球漂浮在水中一樣。他做出這一論斷，可能受到了古代神話的影響，因為古希臘神話把海神夫婦作為創世的雙親。

泰勒斯是最早對自然進行哲學思考的哲學家，他擺脫了宗教神話的束縛，試圖從變化萬千、豐富多彩的自然萬物中概括它們統一的本原。可能是由於哲學家剛開始進行哲學思考時，還沒有普遍抽象的概念可用，只能用感性直觀的物質，來表示或象徵普遍性。

「水」是自然界中的一種元素，體現了自然哲學家以自然現象說明萬物的哲學原則，它不僅僅是一種特殊的元素，它代表的是萬物的開端和主宰，從而生出萬物，且始終保持自身同一性的本原。

哲學家百科

- 泰勒斯（西元前六二四年至西元前五四六年），古希臘七賢之首，同時也是幾何學家、天文學家。德國哲學家黑格爾曾說：「哲學從泰勒斯的命題開始」，他也被後人稱為「科學和哲學之祖」。
- 最早提出「什麼是萬物本原？」的問題，並且從經驗——而非神話——的角度提供了答案。他主張：「水是萬物的本原。」
- 此觀點在古希臘可說是思想的革命，當時並沒有完整的科學知識，人們對世界的認識普遍還停留在表象，而泰勒斯摒棄神話解釋，將世界的本原從複雜的表象，歸結成一種「物質」。某種程度上來說，他是史上第一位哲學家，為人們開啟了截然不同的思想領域。

你所困惑的人生難題，哲學家這樣解答

- 希望是所有人共有的唯一好處，那些別無所有的人仍然擁有希望。
- 多說話並不代表有才智，去尋找唯一智慧的東西，你就會鉗住許多人的嘴。

02 數學可以解釋世上所有的一切

——畢氏定理發明人，哲學家畢達哥拉斯

畢達哥拉斯在東方學成歸來後，本來想在家鄉，希臘的薩摩斯島傳授知識，可是當時薩摩斯島政局混亂，他只得離開故土，來到義大利南部的克羅托內。

下船後，畢達哥拉斯朝城裡走，邊走邊盤算如何在這個新地方實現自己的計畫。半路上，他看見幾個漁夫垂頭喪氣的從一條岔路上走過來。畢達哥拉斯上去和他們搭話，才知道這些漁夫今天在海邊一無所獲。

他約略回想了一下自己剛才走過的海邊，就對漁夫們說：「你們想捕到魚嗎？我帶你們去一個地方，保證你們撒下網就能捕到很多魚。」

漁夫們聽了很高興，要畢達哥拉斯趕快告訴他們在何處能捕到魚。這時，畢達哥拉斯說：「不過，我有一個條件，就是等你們抓到魚後，我叫你們做什麼你們就得做什麼。如

果你們答應了，我就帶你們去。」

漁夫們答應了，於是畢達哥拉斯帶他們到了一個自己剛才走過的地方，漁夫的網撒下去果然捕到了不少魚。這時畢達哥拉斯說出了要求他們做的事，就是趁這些魚還活著，立刻全部放回到海裡去。漁夫們信守諾言，把魚都放了，他們回去後便把這件事傳播開了。於是，畢達哥拉斯很快就成了一個引人注目的人。

畢達哥拉斯到了克羅托內以後，首先幫助當地人學會做生意，並將天平秤重和用尺測量長度的方法介紹給人們，使人們在和外地商人做生意時增加收入。這樣一來，當地人也就更加尊敬他了。

找到能為之付出生命的信仰

為了能更廣泛的向人們傳授知識，畢達哥拉斯決定開辦一所公眾學校。學校開辦後，學生超過了三百人，他成了第一位公眾教師。據傳，畢達哥拉斯也是第一個使用「哲學」（Philosophy）一詞的人。這個字源於希臘文，由喜愛、智慧兩個詞組成，意思就是「愛智慧」；他認為哲學家，就是熱愛智慧的人。

這是一個集宗教、政治和學術為一體的團體，人稱「畢達哥拉斯主義」。此組織非常神祕，弟子在這裡學習五年之後，才能第一次和老師見面。而這個團體不分男女都可以參加，地位一律平等，財產是公有的，甚至所有哲學上的發現也都是集體的。

畢達哥拉斯還為這個團體規定了許多奇怪的戒律，例如：不准用鐵器撥火、不准在戒指上雕刻神像、不准吃動物的心、不准吃豆子、不准踩種豆子的田地……這些禁忌的用意何在，後人有種種分析。

有的人認為純粹是為了使團體帶上神祕的色彩；有的人認為禁食公牛和小牛肉、不准吃豆子和踩豆子地，與發展畜牧業和農業有關；還有人認為是從宗教迷信思想出發，為了使靈魂淨化，使附著於人體的靈魂在人死後得以超升，脫離輪迴之苦；有些禁令甚至有政治方面的原因。

畢達哥拉斯的團體很成功，甚至取得了克羅托內地區的統治權。但是樹大必定招風，敵對勢力聯合起來向畢達哥拉斯的團體發動了攻擊。

相傳學生們保護著畢達哥拉斯逃了出來，當他們跑到一塊豆子地時，畢達哥拉斯堅決奉行自己不踩豆子地的戒律，被追上來的敵人捉住殺掉了。但也有傳說他曾用牙齒咬死過一條毒蛇，由此預言自己的學派會遭遇一場政治迫害，於是他來到義大利的梅達彭提翁（Metapontum），最後在這裡安詳離世。

畢達哥拉斯為自己的學派制定了許多奇怪的禁忌，但是由於其組織的神祕性，人們一直無法知道該學派所有的禁忌，只能在一些成員後來的某些殘篇斷章中略知一二：

1. 去神廟時要先敬神，路途中不要說話，不要做任何與日常生活有關的事情。
2. 在路途中既不要進入廟宇也不要敬神，甚至經過廟堂的大門也不要對神禮拜。
3. 切勿穿著鞋向神獻祭和禮拜。
4. 避開大道走小道。
5. 聽命於神靈，最重要的是不要隨便說話。
6. 切勿用鐵器撥火。
7. 幫助負重之人，勿助卸重之人。
8. 穿鞋自右腳始，洗腳自左腳始。
9. 切勿在暗處談論畢達哥拉斯主義的事情。
10. 切勿跨越橫欄。
11. 從家外出切勿朝後看，因為復仇女神緊跟著你。
12. 飼養公雞但勿用公雞祭祀，因為公雞是專門奉獻給太陽神和月亮的。
13. 切勿踩豆子地……。

亞里斯多德認為，畢達哥拉斯告誡「勿食豆子，不僅是因為它們長得像陽具，而且像冥王黑帝斯的冥府入口；又或者是因為豆子會讓人想到寡頭政治（豆子曾被用來抽籤以選舉統治者）。他告誡人們說，勿食桌上掉下來的食物，使他們習慣於具有節制的飲食。

古希臘喜劇作家阿里斯托芬（Aristophanes）也說，掉下來的東西為英雄所有。勿碰白公雞，因為這種動物是獻給月神的祭品，它能報曉；而且白色是善，黑色是惡。

勿碰獻祭的魚，因為神與人同享一道菜是不公正的，就像自由人和奴隸享用同一道菜肴一樣不合適。勿將麵包弄碎，因為古時的朋友在相會時帶著一條完整的麵包，不應分割使他們團聚的麵包，一些人解釋說，這條戒律和黑帝斯的審判有關；另外有些人說，分割麵包會使人在戰場上變得怯弱而膽小；還有人解釋，宇宙是從麵包開始的。

哲學家百科

- 畢達哥拉斯（西元前五七〇年至西元前四九五年），古希臘哲學家、數學家，畢達哥拉斯主義創始人，第一個使用「哲學」一詞的人，認為哲學家就是愛智慧之人。
- 主張「數學可以解釋世界上的一切事物」，畢氏學派將「抽象的數」作為萬物的本原，透過揭露數的奧祕，來探索宇宙的永恆真理。他也被認為是畢氏定理（勾股定理）的發現者。

你所困惑的人生難題，哲學家這樣解答

- 做自己感情的奴隸，比做暴君的奴僕更為不幸。
- 憤怒以愚蠢開始，以後悔告終。
- 別的動物也都具有智力、熱情，理性只有人類才有。
- 不能制約自己的人，不能稱他為自由人。

03 世上沒有永恆，萬物永遠在變

——西方神學「邏各斯學說」發明人，古希臘哲學家赫拉克利特

古希臘哲學家赫拉克利特（Heraclitus）生於一個貴族家庭，他是以弗所城邦的王位繼承人，而當他目睹市民的社會生活日漸困苦，權貴們的生活卻奢侈淫逸時，感到十分痛心。

有一次，以弗所被波斯人包圍，經濟、食物來源被斷絕，但在這樣的形勢下，許多官員依然花天酒地。不久，城裡的人即將面臨無食物可吃的處境。

為了解決糧草問題，城邦召開公民大會。會上，那些每天耗費大量資源的人不著邊際的高談闊論，討論了半天也沒有找到解決方法。人們問赫拉克利特有何高見，他一言不發，轉身回去拿來大麥和水，在公民大會上吃喝了起來。

這一舉動立即被人們理解。也就是說，只要大家都節儉一點就可以解決問題。人們感到無需再討論了，便默默散去。赫拉克利特認識到，要改變敗壞的社會風氣，重要的是要

使人們有正確的思想，所以他必須為此鑽研學問。於是，他放棄王位，隱居郊外山裡的狩獵女神廟宇之中，潛心研究。

後來，波斯的國王讀了他寫的《論自然》（*Peri Physeos*），特地派出使者去請他到波斯講課，並許以榮華富貴。然而赫拉克利特拒絕了，他在信中寫道：「如此多的世人生活著，對於真理和正義感到陌生。他們由於可惡的愚昧，而保持著無節制的生活和虛妄的意見。但是我呢，由於已經遺忘了一切罪惡，遺棄了無度的嫉妒和居高位的傲慢，因此，我將不應邀前往波斯，而在此山野中滿足於我的卑微需求，維持我的志向。」

由於長期靠吃樹皮和草根度日，赫拉克利特最後生了病，不得不返回城邦裡求醫。他尋問醫生有沒有使陰雨天變乾燥的方法，醫生不懂他的意思，於是他對醫術感到失望，便跑到牛廄裡，把腳伸到牛糞中去，想用牛糞的熱將身體內的水弄乾。可是，這種辦法並沒有效，他最終死於疾病。

人不能踏進同一條河流兩次——世上沒有永恆的事物

赫拉克利特每天都會和他的學生們一起出來散步，邊走邊討論問題。有天，他們來到河邊，脫下鞋襪，打算涉水過去，當走到中間時，赫拉克利特突然站住了，學生們不知道發生了什麼事，也不敢往前走，大家站在河中間，讓水順著自己的腳流去。

赫拉克利特沉思了一會兒，然後鄭重提醒學生記住並認真思考下面幾句話：

走進同一條河流的人，會遇到新的流水。

我們踏入而又不踏入同一條河，我們存在而又不存在。人不能踏進同一條河流兩次。

學生們認真的聽完老師講的這幾句話，都感覺到這幾句話中包含著深刻的哲理，但意思一時也捉摸不透。其中有個叫克拉底魯（Cratylus）的學生，認為既然一切事物都處在流動變化之中，一切皆流，也就是說**無論任何時候事物都在發生變化，不可能有一刻的穩定和靜止**。

就像這條河流一樣，在我們剛剛踏進去的一瞬間，它就變成另外的河流了，所以我們第一次踏進去的也不是同一條河流。

於是，他宣稱「人不能踏進同一條河流兩次」的說法不對，應當是「人連一次也不能踏進同一條河流」。

有一位希臘喜劇作家，聽說克拉底魯的主張後，特意按照他的這個論點編了一齣喜劇，並恭請克拉底魯在首演時觀看。

甲：朋友，我有急用，可現在手頭沒錢，請你幫幫忙，借點錢給我。

乙：你這個人從來就不講信用，經常賴帳不還。以前我就吃過你的虧，現在你又想來騙我的錢，告訴你，我才不會上你的當呢！

甲：朋友，你怎麼這樣說呢！我這個人從來都是最講道理的，以前幾次沒還，不都是有道理的嗎？

乙：你有什麼道理？盡是歪理！你別想再耍花招了。

甲：朋友，過去的事就別提了。這次，你無論如何都要幫幫我。我向你保證，這次借的錢一個月以後保證還。你要是不信，我可以向阿波羅神（Apollo）發誓，如果不還就讓神懲罰我！

乙：既然你發了誓，那就把錢拿去吧。到了一個月的期限可不能再賴帳。

（甲和乙進去，過會兒兩人又上場了。）

乙：一個月已經過去了，你要守信用，跟我借的錢該還了吧！

甲：朋友，你知道我借你的錢幹什麼嗎？告訴你，這筆錢我交了學費，我去拜了一位老師學習哲學。學了他的哲學後，我不論做什麼事都是有道理的。要不要我把他的哲學講給你聽？

乙：少廢話！借錢時你對神發了誓，現在期限已到，快把錢還來，不然神會懲罰你的。

甲：按照老師教給我的哲學道理，我既不用還錢給你，也不會受到神的懲罰。我的老師說，一切萬物都在變化，人沒辦法踏進同一條河流，因為河流轉眼就會改變。

甲：從我向你借錢到現在已經過去一個月了，現在這個我，早就不是向你借錢和對神發誓的那個我了。所以，你不應該向現在的我要錢，只能去向一個月以前和你借錢的那個我要錢。現在的我是不會還錢給你的。

（乙聽後非常氣憤，揪住甲痛打了一頓，把甲打得鼻青臉腫。）

甲：你敢打人！你把我打傷了，我要去告你，要你賠償損失和醫藥費。

法官：誰是原告？告什麼狀？

甲：是我告的狀，我控告他把我打傷了，您看，臉打腫了，鼻子也出血了。法律應當懲罰他，還要他賠償醫藥費。

法官對乙說：是你打人嗎？打人是要受到法律懲罰的。

乙：（在說明了事情的經過後，接著說道）我知道打人是犯法的，要受到法律的懲罰。但按照他從他老師那裡學來的道理，一切事物都在變化，沒有一刻是相同的。在哲學家眼裡，我這個人也是瞬息萬變的。現在的我並沒有打人，而打人時的我又不是現在的我。所以，和他不還錢給我的道理一樣，法律應當去懲罰先前打人的那個我，讓那個我去給他付醫藥費。現在的這個我是不用負任何責任的。

劇演到這裡，全場觀眾無不捧腹大笑。正在這時，觀眾中有人認出了克拉底魯，便站起來指著克拉底魯說：「大家看，那個賴帳不還的人，交學費拜的老師就是這位克拉底魯先生！」全場觀眾一下子把眼光轉向克拉底魯，弄得他驚慌失措，無言以對，更引起了人們的哄笑，這場喜劇也就在笑聲中結束了。

掌握萬物的規律，才能得到幸福

有一天，一個內心感到困惑的年輕人，對赫拉克利特提出了一個問題：幸福是什麼？

赫拉克利特看了看這位年輕人，反問他：「你覺得幸福是什麼？」

「我想，幸福應該是肉體的快感、擁有黃金和吃得好。」

赫拉克利特笑著對他說：「如果幸福在於肉體的快感，那麼牛在吃草的時候是幸福的；如果擁有黃金就是幸福，為什麼驢子寧可要草料而不要黃金；如果吃得好就是幸福，那麼人如果能夠像牲畜一樣狼吞虎嚥就是幸福。然而，一個最優秀之人要的是永恆的光榮，而不要那些很快就會消亡的東西。」

「那麼你認為幸福是什麼呢？」年輕人覺得，赫拉克利特還是沒有把幸福是什麼的問題說清楚。

「在我看來，**幸福就是擁有智慧**。」赫拉克利特說。

「那麼怎麼樣才能擁有智慧呢？」

「一個有智慧的人應該熟悉很多東西。不過有很多知識還不算有智慧，否則智慧也太容易了。**有智慧的人應該具有善於駕馭一切的思想**。從哲學的觀點來看，如果你能承認『一切是一』，承認我的『邏各斯』，那就是有智慧。有一點你還必須特別注意，那就是人的心沒有智慧，而神的心則有智慧。最美麗的猴子和人比起來也是醜陋的，最智慧的人和神比起來，無論在智慧、美麗，還是其他方面，也都像一隻猴子」

「那麼我到你這裡學習好嗎？請你教我你的『邏各斯』。」年輕人明顯好多了。

赫拉克利特高興的說：「好啊，我就收下你這個徒弟了。」

（按：邏各斯（Logos）是古希臘哲學、西方哲學及基督教神學的重要概念。在古希臘文一般用語中有「話語」的意思；在哲學中表示支配世界萬物的規律性或原理；在基督教神學是耶穌基督的代名詞。也可以理解為東方哲學的「道」。

赫拉克利特最早將邏各斯引入哲學，用以說明萬物變化的規律性。其後，邏各斯的含意不斷發展，成為「邏各斯學說」，對猶太教哲學及基督教哲學產生了深遠影響。）

哲學家百科

- 赫拉克利特（西元前五三五年至西元前四七五年），古希臘哲學家、以弗所學派的創始人。他認為「火是萬物的本原，世界過去、現在和未來永遠是一團永恆的活火，在一定分寸上燃燒，在一定分寸上熄滅。」
- 他提出了很多有名的哲學命題，如「一切皆流」、「一切皆變」、「萬物既是存在著，又是不存在著」、「人不能兩次踏進同一條河流」等，認為萬物是永遠變動的，而這種變動按照一定的尺度和規律進行——「邏各斯」就是他用來形容萬物運動變化的規律。

你所困惑的人生難題，哲學家這樣解答

- 互相排斥的東西要結合在一起——不同音調才會造成最美的和諧。
- 人不能踏入同一條河流兩次，因為無論是這條河還是這個人都已經不同。
- 唯一不變的是變的本身。
- 智慧就在於說出真理，按照自然行事，傾聽自然的話。
- 從未生病，就不知道健康；從未饑餓，就不知道飽足——世間的事物都是相對的。

04 嫉妒會讓人自尋煩惱，欲望也是

——原子論發明人，古希臘自然派哲學家德謨克利特

德謨克利特在家中排行第三，他從小就愛好學習，有次他一個人躲在牛棚裡看書，父親把一頭他最喜歡的牛牽走了，可他卻完全沒發現。等他出來時，才發現這頭牛已經被殺，並用於祭神，他不由得放聲大哭。

當他們兄弟三人都長大時，父親決定分家。他把財產分成了三份，德謨克利特卻決定要最少的那份。他的父親便問他為什麼，他說：「我想到其他地方去旅行，去尋找最有學問的人，向他學習哲學。那份財產雖少，但全是現金，對我外出旅行最有幫助。」

於是，德謨克利特便帶著一點金幣，離開家鄉到各處去旅行。在旅行中，他學了許多知識，等他到達雅典時，已經是一個學識淵博的人了。但在雅典他卻沒有受到應有的招待，雖然大家都對哲學十分熱情，但當時的另外兩位哲學大家普羅達哥拉斯（Protagoras）和蘇

格拉底卻吸引了所有人的注意。

他感慨道：「我到了雅典，可是沒有一個人知道我，也沒有一個人理睬我。」他又去向人們宣傳他的原子論（按：德謨克利特認為每一種事物都是由「原子」所組成，整個世界的本質是原子和虛空。原子不可分割，並不完全一樣。在自然界中，每一件事的發生都有一個自然的原因，這個原因原本即存在於事物的本身）思想，可人們無法接受。他不由感覺到生不逢時，於是對眾人說：「我在這裡認識了蘇格拉底，但蘇格拉底卻不認識我。」

德謨克利特的原子論和柏拉圖（Plato）的理型論（按：theory of Forms，西方哲學中的一種世界觀，在柏拉圖的理論中，指代一種超出自然現象與時間的絕對存在，而自然存在的物質不過是理型的「近似物」）在概念上有著很深的衝突，雖然沒人理睬，但他依舊堅持自己的主張。為此柏拉圖十分惱火，他聲稱要把德謨克利特的所有著作一把火全燒了。但有人勸柏拉圖說：「就算你這樣做也沒有任何意義，因為德謨克利特的著作已經流傳得很廣了。」

柏拉圖只得打消這個念頭，但在此後他的著作中，他從來也不提及德謨克利特，他要用無視，來貶低德謨克利特在哲學史中的地位。但即便是像柏拉圖這樣的名家也不能抹殺真理的光輝，德謨克利特的原子論思想至今仍為人們討論學習。

真理只能和相信真理的人討論

據說，德謨克利特有一次因為不信神而被傳訊。在法庭上，他大談哲學和科學，但昏庸的法官一概不聽——他只相信神。德謨克利特看了老法官一眼，忽然靈機一動，對法官說：「法官先生，你最尊敬神，這是很好的。那你一定聽說了，先前我的一個鄰居說我得了神經病，結果被天上掉下來的烏龜打破了頭。」

這件事情早已在城裡傳開了，法官當然也聽說過了。於是，法官說：「那是最高神宙斯（Zeus）派他的傳信鳥對你鄰居的懲罰。由此看來，你更應該相信神。」

德謨克利特說：「那麼好吧！我的鄰居只不過說我得了神經病，最高神宙斯就派老鷹對他做了嚴厲的懲罰。可見神喜歡誰是十分清楚的，現在任你判我多重的刑罰都可以，反正最高神宙斯是會給我做主的。我已經看到他派出的老鷹正向這裡飛來了。」

迷信的法官一聽，嚇得雙手抱頭，趕緊改口說：「我知道你是最高神宙斯喜歡的人，你使我們的城邦能得到神的保佑，你是我們城邦的光榮。我現在就宣布你無罪……。」

回去以後有人問他：「你不是說一切都是自然的原因引起的嗎？怎麼在法庭上你又說是宙斯的懲罰呢？」

德謨克利特回答說：「**真理只能和相信真理、愛好真理的人談論。對於那些昏庸的傢伙，只能用別的辦法去對付他們。**」

別人又問他：「那你鄰居的頭為什麼會被打呢？」德謨克利特回答說：「這根本不是什麼神的懲罰，完全是自然因素。根據我對老鷹的了解，牠們喜歡吃烏龜肉。但烏龜的殼很硬，為了吃到龜肉，老鷹會把烏龜叼起飛到空中，當看到地上有石頭時，便將烏龜丟下來，龜殼破了，龜肉也能吃到了。當時，這位鄰居站在太陽下面，陽光照在他的光頭上，老鷹從空中往下看，誤以為是一塊圓形的石頭，便將烏龜對準光頭甩下來了。」

「節制」，能使快樂增加、享受延長

德謨克利特學成回鄉後，由於知識淵博，時常有各地的人們前來請教人生中遇到的問題。有一次，一個年輕人來問他：「什麼是快樂？」

德謨克利特說：「**快樂與不適構成了你應該做和不應該做之事的標準**，也決定了有利和有害之間的界限。」

「那是不是吃得好、穿得好就是快樂呢？」年輕人又問。

「這可以說是快樂的一種形式。但對那些只沉溺於口腹之欲，並在吃、喝、情愛方面過度的人，快樂是很短暫的。他們只有在吃著、喝著的時候是快樂的，隨之而來的壞處卻很大。除了稍縱即逝的快樂之外，這一切幾乎沒有什麼好處，因為他們總會感到有需求未滿足。所以我們應當拒絕一切無益的享樂。」德謨克利特語重心長的說。

「那麼對於快樂來臨時，我們是不是應該盡情享受呢？」年輕人又問。

「不！**享樂應該節制，而節制更能使快樂增加**。無節制的欲望是兒童的作為，成人不應該如此。不合時宜的享樂只會產生厭惡。」

德謨克利特看了看年輕人又接著說：「人們想得到快樂，必須透過節制享樂和平靜的生活。**我們應該專於那些能達成的事物，滿足於自己的力所能及，不要想著成為受人嫉妒和羨慕的對象**。應該把眼光看向那些生活貧窮的人，並且想想他們的痛苦，這樣你所能支配的這點財富就會顯得很大、很令人羨慕了，並且不會再因為永遠無法滿足的欲望，而給自己的靈魂帶來傷害。我們應該去追求自己所有的，而且經常要和那些更不幸的人比一比。如果你接受了這一原則，那麼你就能生活得更愉快，並且驅除生活中不少的惡，像是嫉妒、仇恨。」

「難道擁有財富不是一件值得快樂的事嗎？」年輕人對於德謨克利特沒有提及財富感到奇怪。所以他特別提出了財富的問題。

「能帶來幸福的，不是身體上的好處，也不是財富，而是正直和謹慎。凡是期望靈魂之善的人，就會去追求某種更神聖的東西；而追求肉體快樂的人，則只會得到容易幻滅的一時歡愉。當然，在使人愉悅的事物中，自身最缺乏的東西通常能給我們帶來較大的快樂。一個人如果缺乏財富，那麼擁有財富會使他覺得快樂；可是一個明智的人，不應該愁自己沒有的東西，而應該享受他所擁有的一切。**如果對一種特定物件的欲望過於強烈，就會使靈魂看不見其餘的事物**。對財富的欲望也是這樣。」德謨克利特這麼回答。

「那麼我們應該追求美嗎？」年輕人又問。

「是的，更高層次的快樂來自對美的瞻仰，追求美而又不褻瀆美，這種愛是正當的。不過身體的美，若不和聰明相結合，就只是種動物性的美。如果你打開自己的內心，會看到裡面一大堆各式各樣的壞情欲。

「人應該每天懷著新的思想。追求知識，就可以使我們避免許多不快樂。而對別人所有的東西，不要有嫉妒之心，因為**嫉妒的人常常自尋煩惱，他們就是自己最大的敵人。**」德謨克利特如此說道。

「德謨克利特，你是對的。」年輕人很快樂的走了。

錢財只是用來追求知識的工具

當德謨克利特周遊各國，回到故鄉阿布德拉時，被指控了「揮霍財產罪」。原因是德謨克利特經常外出旅行求學，而花光了積蓄，且有些親戚企圖占有他剩下的財產，便控告他浪費祖產，對家族中的事物不理會，讓好好的庭園變成了雜草叢生的荒地。根據該城的法律，「揮霍祖業的人，不得在阿布德拉城舉行葬禮。要被剝奪一切權利並驅逐出城。」

德謨克利特來到了法庭上，為自己做出了辯護：「在我同輩的人當中，我漫遊了地球絕大部分的地方，探索了最遙遠的文明；在我同輩的人當中，我看見了最多土地和國家，我聽見了最多有學問之人的講演；在我同輩的人當中，我能勾畫幾何圖形並加以證明，沒有人在學術上能超越我，就連丈量埃及土地的人也未必比我聰明……。」

接著，他在庭上當眾閱讀了自己的著作《宇宙大系統》（*The Great World-ordering*），當談到：「沒有事情可以無端發生，萬物都是有理由的，而且都是必然」時，人群中爆發出一陣歡呼，大家打斷了他的演講。他的學識和雄辯取得了完全的勝利，徹底征服了阿布德拉。

為了獎賞他的哲學理論，法庭不但判他無罪，還決定以五倍於他「揮霍」掉的財產作為報酬表彰他。同時，還把他當成城市的偉人，在世就給他樹立了銅像。在他死後，阿布德拉以整個國家的名義，為他舉辦了盛大的葬禮。

哲學家百科

- 德謨克利特（約西元前四六〇年至西元前三七〇年），古希臘的自然派哲學家。他提出著名的「原子論」，主張「原子和虛空構成了萬物的本原，原子間的相互衝擊和碰撞形成了我們無窮的世界。」被稱為第一個百科全書式的學者。
- 他認為每一種事物都是由原子組成，原子不可分割，且不完全一樣。在自然界中，每件事的發生都有一個自然的原因，而這個原因即存在於事物本身。

你所困惑的人生難題，哲學家這樣解答

- 不要企圖無所不知，否則你將一無所知。
- 只願說而不願聽，是貪婪的一種形式。
- 節制能使快樂增加、享受延長。
- 動物如果需要某樣東西，它知道自己需要的程度和數量，人類則不然。

05 寧當痛苦的人，不做快樂的豬

——希臘三賢之一，西方哲學的奠基者蘇格拉底

蘇格拉底長得很醜，他臉面扁平、嘴唇肥厚、眼球突出，鼻子寬大又上翹，還有張奇大無比的嘴巴。他的學生色諾芬（Xenophon）評價道：「比滑稽戲裡的一切醜漢都還醜」。他的奇怪模樣常常惹來人們的嘲笑，甚至成為朋友們聊天的話題，但他自己絲毫不在意。他說：「實用才是美的，一般人的眼睛深陷，只能向前看，而我的眼睛可以側目而視；一般人的鼻孔朝下，因而只能聞到自下而上的氣味，而我可以聞到整個空氣中的美味。至於大嘴巴、厚嘴唇，可以使我的吻比常人更加有力、接觸面更大。」在他看來，跟俊美的外貌相比，**崇高的靈魂和智慧才更值得人們去追求**。

蘇格拉底從來不把物質享受當作人生的追求目標。他有一句名言：「這個世界上有兩種人，一種是快樂的豬，一種是痛苦的人。**要做痛苦的人，不做快樂的豬**。」

在他看來，不追尋高尚的道德、探求世界的真理，僅僅去追求生活上享樂，便與豬無異。他雖然很貧困，不過對自己的石匠工作並不賣力，只要收入夠一家糊口就不多做了。他總是在天亮前起床，匆匆忙忙吃些麵包，穿上長袍，披上件粗布斗篷，便出門找人討論問題去了。

蘇格拉底常在商店、寺廟、朋友家、公共浴室，甚至是街口與人辯論，探討與智慧和真理相關的問題。有一次雅典對外發動戰爭，蘇格拉底作為公民參加了戰鬥。當時正值冬天，在行軍過程中，所有的人都穿著厚衣服，用毛氈裹著腳，只有蘇格拉底穿著平時的衣服，光著腳在冰上行走，腦海仍思考著哲學問題。

智慧，意味著自知無知

古希臘人信仰奧林帕斯諸神（Dodekatheon），其中偉大的太陽神阿波羅，被認為是希臘精神的象徵，他代表藝術、音樂、詩、美、政治品德，還有合乎禮節的行為。

古希臘人建造了供奉阿波羅神的神廟，在神廟裡有一塊聖石，被視為宇宙的中心，阿波羅神廟的女祭司則具有通神的能力，能預言未來，也能代表阿波羅神回答人世間的任何問題。一次，有一位叫凱勒菲的雅典青年跑到神廟去，他求問的是是否有比蘇格拉底更有智慧的人。女祭司傳下神諭：「世上沒有比蘇格拉底更有智慧的人。」

蘇格拉底聽到這個消息後，感到非常困惑，因為他認為自己一無所知，不可能是最聰明的人。但是女祭司是代表阿波羅神做出的回答，因此也不可能撒謊。

為了解釋神諭，他四處訪問智者，看看是否能指正神犯了錯誤。他想，如果能找到一個比我更有智慧的人，那就可以到神那裡去提出異議了。

他先找到了一位政治家，同他交談、對他仔細觀察後，卻發現這個人沒有智慧。蘇格拉底試圖告訴他這一點，於是得罪了這位政治家。

接著蘇格拉底又去請教詩人、工匠，以及所有被人們認為有智慧的人。但最後的結果是他得罪了所有人，因為他發現他們都沒有智慧，並且誠實的向他們指出了這一點。

到了最後，蘇格拉底終於發現神的回答是正確的。他之所以是最有智慧的人，正是因為他知道自己無知，而那些自以為自己很聰明的人，都是缺少智慧的自大狂。他說：「**智慧意味著自知無知。而我平生只知道一件事，就是我一無所知。**」

有次他的學生對此表示質疑，在他看來蘇格拉底已經有非常多的知識了，為什麼還會因為覺得自己無知，而整日悶悶不樂呢？蘇格拉底在地上畫了一大一小兩個圈，對他的學生們說：「你們的知識就好比中間的小圓，而我的就像是外面的大圓，我與外界未知的知識接觸得更為寬廣，這更令我感到惶恐不安啊。」

想克服失戀，先感謝拋棄你的人

蘇格拉底有一句名言：「好的婚姻僅給你帶來幸福，不好的婚姻則可使你成為一位哲學家。」

在許多人看來，這是他自己生活的最佳寫照。蘇格拉底為人和善，有著非常多的朋友，但他的妻子贊西佩（Xanthippe）卻脾氣暴躁，極難相處。據說也正是因為贊西佩脾氣暴躁，才使得蘇格拉底沒辦法待在家裡，只能一直在外面和人們爭辯。

有一次，在蘇格拉底和學生們討論問題、互相爭論時，他的妻子氣沖沖的跑進來，把蘇格拉底大罵了一頓，又從外面提來一桶水，潑到蘇格拉底身上。

在場的學生都以為蘇格拉底會怒斥妻子一頓，哪知蘇格拉底抖了抖渾身溼透的衣服，風趣的說：「我就知道，響雷過後必有大雨！」有人問他為什麼要娶這樣的女人為妻？他笑道：「如果能馴服一匹烈馬，那麼又有什麼馬我不能駕馭的呢？我能忍受她這樣的人，天下還有誰不能做我的朋友呢？」在西方許多國家，「蘇格拉底的妻子」甚至成了一個成語，作為悍婦的代稱。

關於愛情，據說蘇格拉底還有這樣一個故事：

有天，一個痛苦的失戀者找到蘇格拉底，希望能在這位大哲學家這裡獲得安慰。

蘇格拉底（以下稱「蘇」）：孩子，你為什麼悲傷？

失戀者（以下稱「失」）：我失戀了。

蘇：哦，這很正常。如果失戀了沒有悲傷，那麼這段戀愛大概也就沒有什麼味道。可是，年輕人，我怎麼發現你的情感對失戀的投入，比對戀愛的投入還要傾心呢？

失：到手的葡萄給丟了，這份遺憾、這份失落，您非個中人，怎知其中的酸楚啊！

蘇：丟了就丟了，何不繼續向前走？鮮美的葡萄還有很多。

失：我會等待，等到海枯石爛，直到她回心轉意向我走來。

蘇：這一天也許永遠不會到來，你最後會眼睜睜的看著她向另一個人走去。

失：那我就用自殺來表示我的誠心。

蘇：如果這樣，你不但失去了你的戀人，同時還失去了自己，你會蒙受雙倍的損失。

失：那踢上她一腳如何？我得不到的別人也別想得到！

蘇：這只會使你離她更遠，你本來不是想更接近她嗎？

失：那我該怎麼辦？我真的很愛她。

蘇：真的很愛？

失：是的。

蘇：那你希望你所愛的人幸福嗎？

失：那是當然。

蘇：如果她認為離開你是一種幸福呢？

失：不會的！她曾經跟我說，只有跟我在一起的時候，她才感到幸福。

蘇：那是曾經，是過去，她現在並不這麼認為。

失：你的意思是說，她一直在騙我？

蘇：不，她一直對你很誠實，當她愛你的時候，她和你在一起，現在她不愛你，所以她離去了，世界上再沒有比這更偉大的忠誠。如果她不再愛你，卻還裝得對你很有感情，甚至跟你結婚、生子，那才是真正的欺騙。

失：那我為她所投入的感情不是白白浪費了嗎？誰來補償我？

蘇：不，你的感情從來沒有浪費，愛情裡根本不存在補償的問題。因為在你付出感情的同時，她也對你付出了感情，在你給她快樂的時候，她也給了你快樂。

失：可是，她現在不愛我了，我卻還苦苦愛著她，這多不公平啊！

蘇：的確不公平。我是說你對所愛的那個人不公平。本來，愛她是你的權利，但愛不愛你是她的自由，而你卻想在自己行使權利時剝奪別人的自由，這是何等的不公平！

失：可是，現在痛苦的是我而不是她，是我在為她痛苦。

蘇：為她而痛苦？她的日子可能過得很好，不如說你是為自己而痛苦吧。明明是為自己，卻還打著為別人的旗號。年輕人，愛情丟了，德行可不能丟。

失：這麼說，這一切倒成了我的錯？

蘇：是的，從一開始你就錯了。如果你能給她帶來幸福，她是不會從你生活中離開的。要知道，沒有人會逃避幸福。

失：可她連機會都不給我，你說可惡不可惡？

蘇：當然可惡，好在你現在已經擺脫了這個可惡的人，你應該感到高興，孩子。

失：高興？怎麼可能呢？不管怎麼說，我是被人給拋棄了。

蘇：被拋棄的不一定就是不好的。

失：此話怎講？

蘇：有次，我在商店看中一套高貴的衣服，愛不釋手，店主問我要不要。你猜我怎麼說？我說質地太差，不要！其實，是因為我口袋裡沒有錢。年輕人，也許你就是這件被遺棄的衣服。

失：你真會安慰人，可惜你還是不能讓我從失戀的痛苦中走出。

蘇：時間會撫平你心靈的創傷。

失：但願我也有這一天，可我的第一步該從哪裡做起呢？

蘇：去感謝那個拋棄你的人，為她祝福。

失：為什麼？

蘇：因為她給了你忠誠，給了你重新尋找幸福的機會。

對習以為常的事物發問，才能跳出框架外思考

在阿波羅神廟的門口刻著一句箴言，即「認識你自己」（know thyself）。蘇格拉底的一生正是對這句箴言的實踐，他有一句名言：「**未經審視的生活不值得過。**」他不僅對自己的生活不斷反思，還會不斷刺激別人去反思生命、追求智慧。

蘇格拉底每天在廣場上和不同的人討論各種問題，對大家不曾深入思考的事物發問，例如「什麼是正義」、「什麼是勇敢」。

當時的智辯家們（按：用謬論式和具有欺騙性的論點進行推理的人，又稱為智者學派）

也每天在廣場用詭辯詰難大家，但蘇格拉底與他們不同的是，他從來不收學費。他把自己看作一隻牛虻（吸血蟲），而雅典城是一隻由於閒適而養得過於肥胖的駿馬，需要他的叮咬，這隻駿馬才能重新精神起來。

為了幫助別人反思自己的生命，他採用了特殊的提問方法，使得人們最後不得不**承認自己對某一問題的無知，從而重新去審視自己的生活**。

他的談話一般都從一個具體的問題開始，例如「什麼是愛」、「什麼是美」。當某人對這一問題做出自己的解答後，蘇格拉底再從中找出錯誤的地方，透過進一步發問，使對方承認自己對於這個問題的無知。

為了更努力尋找真理，最終蘇格拉底會和他的討論對象達成共識：他們對於這個問題均是無知的，蘇格拉底也無法給他們最終的答案。

有次，蘇格拉底看到一個青年在街上演說道德的問題，他便去問這位青年：「人人都說要做有道德的人，你能不能告訴我什麼是道德呢？」

那位青年回答說：「做人要忠誠老實，不能欺騙人，這是大家都公認的道德行為。」

蘇格拉底接著問道：「你說道德就是不能欺騙人，那麼在和敵人交戰時，我方將領為了戰勝敵人，取得勝利，總是想盡一切辦法欺騙和迷惑敵人，這種欺騙是不道德的嗎？」

青年回答：「欺騙敵人當然是符合道德的，但欺騙自己人就是不道德的了。」

蘇格拉底接著問：「在我軍和敵人作戰時，我軍被包圍了，處境困難，士氣低落。我軍將領為了鼓舞士氣、組織突圍，便欺騙士兵，我們的援軍馬上就到，大家努力突圍出去。結果士氣大振，突圍成功。你能說將軍欺騙自己的士兵是不道德的嗎？」

那位青年回答：「那是在戰爭的情況下，戰爭是一種特殊的環境。我們在日常生活中不能欺騙。」

蘇格拉底再問道：「在日常生活中，我們常常會遇到這種情況：兒子生病了，父親拿來藥兒子又不願意吃。於是，父親就欺騙兒子這不是藥，是一種好吃的東西，兒子吃了藥病就好了。你說這種欺騙是不道德的嗎？」

那位青年只好說：「這種欺騙是符合道德的。」

蘇格拉底又問道：「不騙人是道德的，騙人也是道德的，那麼什麼才是道德呢？」

最後青年只好告訴蘇格拉底，他也不明白道德是什麼。

蘇格拉底的提問就是這樣，常常讓人無言以對，以至於會有人忍無可忍，把他揍一頓，甚至扯掉他的頭髮，而他從不還手，耐心承受。

蘇格拉底的母親是個助產婆，在他看來自己也是如此，他說：「神迫使我做接生婆，但又禁止我生育。」他幫助每個人去認識生活、思考問題，最終找到真理。這種具有強烈啟發性的談話方式，也被後人稱為蘇格拉底式的質疑。

在民主面前，真理也可能被判死刑

由於蘇格拉底不斷向人們發問，迫使一個個自以為是的人承認自己無知，最終給自己帶來了厄運。他的敵人們共同密謀對抗他，控告他傳播錯誤的學說、不敬神和腐化青年。他們將蘇格拉底送上法庭，希望迫使他卑躬屈膝，承認自己犯了錯。

但蘇格拉底並沒有屈服，在法庭上，他為自己做了辯護。在他看來，他的罪並不是傳播了錯誤的學說，而是不夠厚顏去迎合他人，因此得罪了許多人。

他堅持自己的立場，不肯承認自己有德行上的錯誤，相反，他認為雅典應當給予他各種便利，幫助他研究哲學。這些言論激怒了陪審團，最終被判處死刑。

蘇格拉底的朋友們試圖救走他。他們買通了獄卒，為他制定了嚴密的逃跑計畫，只要他願意，就可以帶著家眷遠走他鄉。但是令所有人吃驚的是，蘇格拉底拒絕了。他說：「我一生都致力於維護城邦的法律，如果我現在選擇以違背法律的方式逃亡，豈不是對自己一生的嘲弄嗎？」

死前，蘇格拉底還在和朋友討論哲學。最後當他端起毒酒，準備喝下時，他對朋友說道：「分手的時候到了，我即將死去，你們活下來，哪一條路更好，唯有神知道。」說完，一飲而盡。

毒酒漸漸發作，他躺了下來，神智開始混亂，留下的最後一句話是：「我欠了朋友一隻雞，記得替我還上這筆債。」

蘇格拉底之死，被人們看作為了實踐真理的殉難，而對他的判決也被視為民主制的悲哀。

哲學家百科

- 蘇格拉底（西元前四七〇年至西元前三九九年），古希臘哲學家，他和學生柏拉圖、柏拉圖的學生亞里斯多德，並稱為「希臘三賢」，且被後人廣泛認為是西方哲學的奠基者。
- 他喜歡與別人談話，並指出他們談話中的漏洞，藉此讓人們發現自己的邏輯和認知上的錯誤。他認為，在承認自己「無知」之後，才算是真的「認識自己」，也等於真正準備好去接受正確知識，這時他便會帶領人們進行「概念的追求」。

你所困惑的人生難題，哲學家這樣解答

- 最有效的教育方法不是告訴人們答案，而是向他們提問。
- 未經反思自省的人生沒有意義。
- 我比別人知道得多，不過是我知道自己的無知。
- 問題是接生婆，它能幫助新思想的誕生。

06

老是想以後，你只會錯過現在

——蘇格拉底的學生，亞里斯多德的老師，柏拉圖

柏拉圖二十歲左右便師從蘇格拉底學習哲學。開學第一天，蘇格拉底對學生們說：「今天我們只學習一件最簡單，也最容易做的事。每個人把胳膊用力往前甩，然後再盡量往後甩。」蘇格拉底示範了一遍：「每天做三百下，大家能做到嗎？」

一年後，只有一個人堅持了下來，那個人便是柏拉圖。當蘇格拉底被雅典處死時，他受到了很大的打擊，且對雅典失去了信心，於是他到埃及、義大利等地遊學，一邊考察，一邊宣傳自己的《理想國》（*Res Publica*）政治主張（按：書中主要在探討政治哲學，還有正義、秩序、正義之人及城邦所扮演的角色。以蘇格拉底為主角，採用對話體形式，是人類歷史上最有影響力的哲學和政治理論著作之一）。

柏拉圖第一次來到敘拉古（義大利西西里島上的一座沿海古城）時，古希臘國王狄奧

尼西奧斯一世（Dionysius the Elder）還是個小孩子，他的近親狄翁（Dion）負責教育他，並且掌握了國家很大一部分的權力。

於是，柏拉圖設法接近狄翁，並向他講述了自己所設想的理想國家藍圖。狄翁被柏拉圖的雄辯說服了，很願意按照柏拉圖的設想在此建立這樣的國家。但是，這個計畫必須等到小國王長大了才能實現。

狄翁本想讓柏拉圖在敘拉古傳授知識，但柏拉圖得到消息，雅典的政局又發生了變化，原來主張處死蘇格拉底的人失勢了。於是，柏拉圖就離開了敘拉古，返回了雅典。

十多年後，狄奧尼西奧斯長大了，由於經常聽狄翁說柏拉圖是一個最有學問的哲學家，有一套完善的治國方略，於是就派人到雅典去請柏拉圖。柏拉圖見狄奧尼西奧斯派人來請他，以為實現自己理想的時候到了，就跟著使者來到了敘拉古。

柏拉圖按照其理想國的構架，向狄奧尼西奧斯講述治國方略，他認為一個理想的國家，必須建立嚴格的等級制度。最高等級是掌握統治權的貴族，第二個等級是為統治者服務和保衛城邦的軍人、武士，第三個等級是從事農工業的人民、手工業者和商人。至於奴隸，只能像牲畜一樣勞動，養活統治者，不屬於人的範疇，因此不能列入社會的等級範圍。

狄奧尼西奧斯問柏拉圖，為什麼社會要劃分為這幾個等級？

柏拉圖說，神在創造這個世界時，用了各種不同的材料，君主是神用金子製造出來的，國王的軍隊是神用銀子製造出來的，農工商人則是神用銅和鐵製造出來的。因為神用的材料不同，所以這三種人在社會上也就分成三個高低不同的等級。

狄奧尼西奧斯聽柏拉圖說自己是神用金子製造出來的，心裡很高興。他又問柏拉圖，既然不同等級的人是神用不同的材料製造出來的，那他們的品質有什麼不同呢？

柏拉圖回答說，他們的品質當然是不同的。地位最高的君主，最有智慧；而這裡說的智慧，是指掌握各門學問，明白世界的本質是什麼，也就是精通哲學——所以，君主應當是出色的哲學家。

第二個等級的軍人和武士具有勇敢的特質，因此他們能承擔保衛君主和城邦的重任。第三個等級的農工商人則應當具有節制欲望的特質。

狄奧尼西奧斯本來是滿心歡喜的，因為柏拉圖把他越捧越高，但當他聽到君主應當是哲學家時，卻覺得味道不對了。他心想，自己雖然是君主，但還不是一個哲學家。

按照柏拉圖的理論，自己不就沒有當君主的資格了嗎？而柏拉圖是大家公認的出色哲學家，豈不應該由他來當君主？想到這裡，他心裡十分不滿，也就不願意和柏拉圖討論下去了。

柏拉圖本來很有信心能夠說服這位年輕君主，讓他按照自己的理論在這裡建設一個「理想國」，但沒想到狄奧尼西奧斯不但不理解自己，反而對自己非常冷淡。

在敘拉古等了很久，仍不見狄奧尼西奧斯再召見自己後，柏拉圖又回到了雅典，第二次敘拉古之行也以失敗告終。

但是，柏拉圖是那種不到黃河心不死的人，當狄奧尼西奧斯再一次派人去請他時，他還是滿懷著希望來到了敘拉古。只是這次，狄奧尼西奧斯請柏拉圖來並不是想學習治國之術，而是想用他來封住老狄翁喋喋不休的嘴。

因柏拉圖走後，狄翁感到很惋惜，天天在狄奧尼西奧斯面前嘮嘮叨叨的談論柏拉圖，弄得他對狄翁很不滿，卻又不便在自己長輩面前發火。後來他想，不如再把柏拉圖請來，想辦法讓柏拉圖聽自己的，就不用再聽老頭子囉嗦了。

可是，柏拉圖來了後，不僅沒有聽從狄奧尼西奧斯和狄翁疏遠關係，反而和狄翁越來越親近。這樣一來，狄奧尼西奧斯和狄翁的矛盾，反而因柏拉圖越演越烈，狄奧尼西奧斯甚至懷疑狄翁想透過柏拉圖來操縱自己。

他越來越覺得柏拉圖是個危險人物，害怕柏拉圖和狄翁串通起來推翻自己，於是，他先下手為強，派人監視柏拉圖，不讓他自由活動。

柏拉圖發現自己又沒希望了，便不願留在敘拉古，向狄奧尼西奧斯請求讓他回雅典。但是，狄奧尼西奧斯害怕柏拉圖會帶著狄翁的話去勾結其他國家來反對自己，就不准柏拉圖走，強迫他留在敘拉古。

柏拉圖終於意識到，自己不知不覺捲入敘拉古的政治鬥爭中了，弄不好很可能落得和自己老師蘇格拉底一樣的下場。於是，他想盡辦法托人在狄奧尼西奧斯面前求情。最後，狄奧尼西奧斯同意了讓柏拉圖離開，但既不派人送他走，也不讓他自由回去。剛好有一條斯巴達人的船要離開敘拉古，狄奧尼西奧斯也不管柏拉圖願不願意，強令柏拉圖上了斯巴達人的船。

不幸的是，斯巴達和雅典長期是敵對關係，所以當斯巴達人聽說上船的是一個雅典人時，就直接將他當作敵人看待。當船開到非洲的居勒尼靠岸後，船上的斯巴達人把柏拉圖捆了起來，強拉到奴隸市場上去賣了。

這位把奴隸說成不是人的柏拉圖，沒想到自己今朝竟落到奴隸的下場。幸虧奴隸市場上，一個過去認識的人認出了他，出了一筆錢才把他救出來，並讓他乘別的船回到了雅典。從此，柏拉圖再也不敢冒險去實現自己的政治主張了。

洞穴囚徒——被困在舒適圈而不自知的生活

在《理想國》中，柏拉圖寫了一個意味深長的故事，來說明哲學與哲學家工作的意義。

有一群人世代都居住在洞穴之中，猶如囚徒一樣被鎖在裡面，不能走動、回頭和環顧左右，只能直視洞穴裡的情景。

他們身後有火堆在燃燒，火與人之間則有一堵矮牆，牆後有人舉著雕像走動，火光將雕像投影在他們面對的洞壁上，形成了會動的影子。

這些囚徒一直以為影子是真實的事物，直到有一個囚徒掙脫了鐵鍊，回過頭第一次看見了火光，才分清影像與雕像，並明白雕像比影像更真實。

而如果他能走出洞外，第一次看到太陽下的真實事物，便會再次眼花繚亂。先看到陰影，再看水中的影像，進而看事物，最後抬頭望天，直到看見太陽，才明白太陽是萬物的主宰，一切都是借著太陽的光才能看見。

柏拉圖用洞穴中的囚徒，來比喻**世人把表象當作真實**，**把謬誤當作真理**。而哲學家就是那些掙脫束縛走到洞外的囚徒，雖然解放的過程要付出極大的代價和痛苦，但畢竟看到了真實的世界，而不是一輩子活在黑暗之中。

然而，被解放的囚徒也沒有得到好歸宿。當他回憶起往事，在慶幸自己的同時，就會開始憐憫他的同伴。這些囚徒中最有智慧的，也不過是善於捕捉稍縱即逝的影子，能記住影子的形狀，推測將出現的影子而已，所以仍然是可憐蟲。

知道事物真相的人，不會再留戀洞穴中的榮譽和獎賞，也不願意再回到洞中做囚徒。但是為了解救自己還在洞穴之中的同伴，他義無反顧的回到了洞穴。

可是，從光明的世界回到黑暗的洞穴，他已不能適應那裡的生活。別人因為他看不清影子而嘲笑他，說他在外面弄壞了眼睛。沒有人相信他在洞外看到的東西，他不得不到處和他們爭論幻覺與真實的區別，卻因此激起了眾怒，大家恨不得把他處死。

我們不可能透過洞穴牆壁上的影像認識身後的事物，除非轉過身來；我們不可能知道太陽是萬物的主宰，除非走出洞外。這個比喻反映了柏拉圖整個哲學的概念和基本原則，即將世界切割為不同的兩個區塊：「形式的」智慧世界、以及我們所感覺到的世界。（按：此理論稱為「柏拉圖實在論」〔Platonic realism〕，他認為我們所感覺到的世界，是從有智慧的形式或理想裡所複製的，但這些複製版本並不完美。那些真正的形式是完美而且無法改變的，只有利用智力加以理解才能實現。）

柏拉圖想說的，就是要**對理所當然的現實提出質疑；有時我們聽見、看見的真理，僅只是假象，並不是事情的全貌**。這個寓言也提醒人們，當你努力達到理想境界時，並不是每個人都會理解或認同你。就像洞穴裡那些被偏見影響的人們，不但不會接受這位熱心拯救他們的智者，甚至會將他抓住處死。

「說不定之後……」的心態，只會錯過眼前的機會

有個希臘青年，為了交女友的事，內心十分苦惱。他想要娶全希臘最漂亮的姑娘為妻，可是挑來挑去，都找不到最完美的女生。於是他去請教柏拉圖，如何才能找到這樣的妻子。

柏拉圖聽了青年的問題後，什麼也沒說，帶他來到了一塊麥地。柏拉圖對那個青年說：「你到麥地裡去摘一枝最大的麥穗，但是有一個要求，就是只能向前走，不准往後退。」

那個青年覺得有點奇怪，心裡想：「摘麥穗和找女朋友有什麼關係呢？既然柏拉圖讓我摘，那我就摘吧，說不定等我摘到最大的麥穗後，他真能給我找到全希臘最漂亮的姑娘當妻子呢！」

青年走進麥地，才幾步就發現一枝很大的麥穗，他本想把它摘下來回去交給柏拉圖，可是瞬間一想，前面的麥穗還多著呢！說不定還能找到更大的麥穗！

於是他丟開那枝本來已經抓在手中的麥穗，繼續向前走。走啊走，每當他拿起一枝麥穗想要摘下時，他心裡總是在想：「說不定還有有更大的麥穗！」他就這樣錯過了一個又一個機會。

可是當他快要走到麥地的盡頭時，卻發現這裡的麥穗一枝不如一枝。現在他心裡非常

懊悔：「早知道後面的麥穗一枝不如一枝，還不如在前面就摘了。」走到麥地的盡頭了，那個青年還是沒能摘下全麥地裡最大的麥穗。

走出麥地，那個青年非常失望的告訴柏拉圖，他沒有能夠完成任務。

柏拉圖笑著問：「難道在你走過這塊麥地的過程中，沒有碰到一枝你合意的麥穗嗎？」

「那倒不是，我曾經遇到過好幾枝我認為比較大的麥穗，可我心裡總是想，後面的麥穗還多著呢！說不定再往下走還能找到更大的麥穗！於是我就錯過了一個又一個機會。」青年的情緒顯得很低落。

「是啊，找女朋友和摘麥穗的道理一樣。如果你發現了合你心意的女孩，就應該當機立斷向她表白和追求。否則你總是想自己還很年輕，可以選擇的時間還很多，全希臘美麗的姑娘多的是，說不定我以後還能遇到更漂亮的姑娘！這樣你就會錯過一個又一個的機會。」柏拉圖語重心長的說。

哲學家百科

- 柏拉圖（約西元前四二九年至西元前三四七年），古希臘哲學家，蘇格拉底的學生，亞里斯多德的老師。柏拉圖的認識論、數學哲學、數學教育思想，在古希臘時對於科學的形成和數學發展，起了不可磨滅的推進作用。
- 他將世界切割為「形式的」智慧世界，以及我們感覺到的世界兩個區塊，十分強調脫離直觀印象的純理性證明，並認為依賴感官所感覺到的世界，是混亂和迷離的，只有透過數學才能領悟到真理。

你所困惑的人生難題，哲學家這樣解答

- 耐心是一切聰明才智的基礎。
- 一個今天勝過兩個明天。
- 懶惰是怯懦的兒子，而疏忽是懶惰的兒子。
- 智者說話，是因為他們有話要說；愚者說話，則是因為他們想說。
- 人生最遺憾的，莫過於輕易放棄了不該放棄的，固執堅持了不該堅持的。

07

真理在哪裡？順應自然發展

——是哲學家也是科學家，柏拉圖最優秀的學生，亞里斯多德

十七歲開始，亞里斯多德就進入柏拉圖學園，追隨老師達二十年之久。由於他勤奮刻苦，涉獵廣泛，很受老師的器重。

柏拉圖曾經幽默的說：「這個學園由兩部分組成，其餘所有的學生僅僅構成了學園的身體，亞里斯多德則是它的腦袋。」柏拉圖還說：「要給亞里斯多德戴上韁繩。」意思是亞里斯多德十分聰明，必須施以嚴格的管教。

亞里斯多德也十分愛戴他的老師，他曾寫過一首詩，來表達對於柏拉圖的敬意：

在眾人中，他是唯一的，也是最純潔的。

但在哲學上，他並不盲從老師所說的話，而會勇敢表達與老師不同的意見，常常批評柏拉圖的錯誤和缺點，最後甚至和他發生了嚴重的分歧。柏拉圖相信理念世界的存在，認為在我們現實的世界之外，還有一個永恆的理念世界，而現實的世界是理念世界的影子，要認識世界就要認識理念。

亞里斯多德認為，這種觀念只會把問題變得更複雜，現實世界在他看來就是最真實的。為此有人指責他背叛了自己的老師，但亞里斯多德說：「**吾愛吾師，吾更愛真理**。」這句話至今仍被許多人引用，是哲學家探求真理最著名的誓言。

放下執著──平常心才能領悟真理

柏拉圖死後，亞里斯多德應馬其頓國王腓力二世（Philip II of Macedon）之邀，前往擔任他十三歲王子的老師。而這位王子就是日後建立了龐大帝國的亞歷山大大帝（Alexander the Great）。亞里斯多德對他影響很大，亞歷山大大帝曾說過：「生我的是父母，而使我明瞭如何生活才有價值的，則是我的老師亞里斯多德。」

由於有了這樣一位偉大的學生，亞里斯多德的研究也便利許多。在亞歷山大大帝的支持下，他創辦了他自己的學校——呂克昂學園（Lyceum）。在學園裡，亞里斯多德建起了歐洲歷史上第一個圖書館。亞歷山大大帝還通令全國，凡是獵人或漁夫抓到稀奇古怪的動物，都要送到亞里斯多德那裡研究。這使他的學園在生物學也有著相當的成就。

亞里斯多德的教學方式非常獨特，他總會邊散步邊探討哲學，後面跟著一群求知若渴的學生們。為此，他和學生得名「逍遙學派」，即漫步哲學家的意思。

在那時的雅典城郊，經常可以看到滿頭白髮的亞里斯多德，身邊跟著十多位青年，他們可能在樹林中逍遙自在的漫步，或是坐在山谷溪旁的大石塊上熱烈討論。「老師，您再講講『三段論法』的大前提、小前提和結論……。」

亞里斯多德緩緩說道：「我們希臘人有個很有趣的諺語：如果你的錢包在你的口袋裡，而你的錢又在你的錢包裡，那麼，你的錢肯定在你的口袋裡。這不正是一個非常完整的三段論嗎？」

由於亞里斯多德的許多觀點過於深奧，令不少學生無法理解。有天，一個學生鼓足了勇氣向亞里斯多德提出了自己的看法：「老師，為什麼你的許多論點我們都不能領悟呢？」

「我想這是由於你們過於崇拜我的緣故吧。」亞里斯多德笑著說。

「怎麼會呢？」學生顯得更加疑惑了。

「這樣吧，我來給你講個故事你就明白了。」亞里斯多德說：

從前，有一名樵夫，他對許多事物都充滿好奇。一天，他像往常一樣上山砍柴。突然，他看到了一隻從未見過的動物從身邊經過。於是他就伸手想抓住牠。而這隻動物名叫「領悟」，牠的本領就是總能率先領悟出別人在想什麼。樵夫剛一想抓住牠，領悟就開口道破了他的心思。

樵夫又想裝作若無其事的樣子，等到有機會時再下手抓住牠。但領悟依舊看出了樵夫的想法。樵夫無可奈何，只得放棄抓牠，專心接著砍柴。

過了一會，樵夫手中的斧子不小心脫手掉到了地上。而當他俯身去撿斧頭時，卻意外發現斧頭剛好壓在了領悟的身上。於是樵夫毫不費勁就抓住了領悟。

故事講到這裡，亞里斯多德問他的學生們：「你們說，為什麼樵夫想要抓住領悟的時候，卻總是不能如願，而當他不經意時，卻能夠輕易的抓住領悟呢？」

大家並沒有回答，亞里斯多德又接著說：「這就是說，**我們常常為了悟出真理而過於執著，由於這種執著而產生了迷茫和困惑**。因此，我們只要恢復我們的平常之心，順應自然發展，真理反而垂手可得。」

進步，來自質疑權威

亞歷山大大帝去世之後，亞里斯多德失去了最大的庇護者。一些反對他的人就開始乘機誣陷，指責他犯有「瀆神罪」。這也是當年雅典人給蘇格拉底冠上的罪名。

亞里斯多德得知後，立刻決定逃走。他的學生問他：「老師，你為什麼不向我們的祖師爺蘇格拉底學習，到法庭上為自己辯護？」

亞里斯多德回答說：「我對七十多年前蘇格拉底的受審記憶猶新，我不願意重蹈他的覆轍，我不願意像他那樣死去。我不會給雅典第二次機會，讓它犯下對於哲學的新罪行。」

他曾基於自己的物理學研究說過：「兩個鐵球，一個十磅重，一個一磅重，同時從高處落下來，十磅重的一定先著地，速度是一磅重的十倍。」

由於亞里斯多德在歐洲的崇高地位，人們一直將這句話奉為真理，想當然的認為不同重量的物體，下落速度一定也不同。直到後來，另一位偉大的思想家、科學家伽利略（Galileo Galilei）對此表示了懷疑。他在著名的比薩斜塔上進行了實驗，拿出兩個不同重量的鐵球向下落。最終同時落地的兩個鐵球證實了亞里斯多德的錯誤。

亞里斯多德雖然是個偉大的哲學家、科學家，但他也犯了不少錯誤。而這個錯誤則是他最有名的一個。

哲學家百科

- 亞里斯多德（西元前三八四年至西元前三二二年），柏拉圖最優秀的學生，被西方人奉為古代最偉大的哲學家。他開創了邏輯學、物理學、美學等諸多學科研究，他生平的著作也被稱為希臘人知識的百科全書。
- 他的哲學是「研究真實宇宙原因的科學」。對他而言，研究哲學意味著，從研究特定現象提升為研究事物的實質。從具體的事物出發，作為思考發展的始點。強調的不是抽象的觀念，而是具體的、個別的、特殊的事物。

你所困惑的人生難題，哲學家這樣解答

- 吾愛吾師，吾更愛真理。
- 我們常常為了悟出真理而過於執著，由於這種執著而產生了迷茫和困惑。
- 自然演化自無窮，無窮永無止境——自然總在想方設法達到完美境界。
- 自然從不做贅餘之事。

08
如何過上人人稱羨的人生？

——古希臘犬儒派代表人物第歐根尼

這天，第歐根尼（Diogenes）和以往一樣，早上醒來後還是不肯起來，一直躺在他那個用土做的大甕裡——希臘人通常拿來埋死人用的。

他瞇著眼睛，在溫暖的陽光下盡情偷懶。由於他平時的怪模怪樣和奇異的言談舉止，因此路人都會用鄙夷的目光看著他，小心的討論著這位以捉弄人出名的人，該不會又在想著怎麼去戲耍別人吧。

第歐根尼作弄人的本事，整個希臘人盡皆知，任何人在第歐根尼找上自己時都會提高一萬倍的警覺，可惜從來沒有一個人可以逃脫。不過他們沒發現的是，第歐根尼很少去找別人麻煩，通常都是那些無所事事的人惹上第歐根尼。

這時，第歐根尼大概是覺得自己躺夠了，他伸伸懶腰，從自己的家，也就是那個大甕中爬出，在舒展了一下筋骨之後，決定先去找點吃的。

這時突然衝出來一個人，一頓亂拳揍上了第歐根尼，直到把第歐根尼打倒在地之後，那人才停手說：「我是美狄亞，我欠你三千元。」第歐根尼默不作聲，只是爬起來拍拍身上的灰塵，頭也不回的離開了。

之後他來到了郊外，因為那裡有乾無花果可以吃。他正在採集無花果時，守衛過來說：「嗨，第歐根尼，這些無花果是有主的。」

第歐根尼回答說：「你認為萬物屬於諸神嗎？」

「是的。」守衛回答說。

「那麼智慧之人和諸神是朋友嗎？」

「當然。」

「你認為朋友可以共用財產嗎？」

「那是必須的。」守衛理所當然的回答。

「好吧，既然你說這世間萬物屬於諸神，而智慧之人是諸神的朋友，按照朋友共用財產的原則，那麼萬物也就是智慧之人的財產，不是嗎？所以這些無花果，我理所當然是可以吃的。」

第歐根尼將採摘下的無花果扔進了自己的背袋，然後離開了無花果園。

他來到經常喝水的那條小溪邊，蹲下用手捧起了一點水來喝。其實他本來有一個專門喝水的水杯，不過在他看到一個小孩用手捧著水喝時，他當即就把那個水杯砸了。他說：「這個小孩生活得比我更簡樸。」他的飯碗也是這樣捨去的，因為他看見一個小孩用空心的麵包來盛扁豆，於是他將飯碗也砸了。所以他現在就只能用手捧水喝，將所有的食物都捲在一起然後塞進口中。

吃完早飯之後，第歐根尼開始了他每天例行的散步。他看到另一位哲學家阿那克西美尼（Anaximenes）正在路上演講，於是從魚攤上拿過一條魚，開始演示如何做一條鹹魚，所有的人都被第歐根尼的行為吸引。

阿那克西美尼惱羞成怒，憤憤的下臺了，第歐根尼哈哈大笑說：「阿那克西美尼，為什麼僅一條鹹魚就讓你結束演講了呢？」然後他將那條鹹魚甩開，繼續他在城裡的散步。

如何過上連大帝都稱羨的人生？像條狗一樣自在

有天，第歐根尼路過阿波羅神廟，他看到一座阿芙蘿黛蒂（Aphrodite，愛情女神）的雕像，這時旁邊有人大喊：「第歐根尼，給這座雕像取個名字吧。」

「來自希臘的蕩婦。」第歐根尼高喊，一點也不看那人生氣到發黑的臉色。這時有人攔住了他，問道：「聽說您自比為犬？」

「是的。」第歐根尼高興的點頭，終於有人願意和他談論真正值得談論的話題了。

「您是哪種犬呢？」陌生人問道。

「饑腸轆轆時，我是馬爾濟斯；酒足飯飽時，是馬魯索斯犬（按：Molossus，古希臘的一種獵犬）——兩個都是為人稱道的品種，不過人們因為害怕麻煩，從不帶牠們外出，所以你們也不能和我一起生活，因為你們害怕不適。」

「您為什麼要稱自己是犬呢？」陌生人問。

「因為犬才是最自然的。」第歐根尼指著牆角的一條狗說：「你看那條狗，想睡就睡，想吃就吃，不需要用上鍋碗瓢盆，也不需要定時定量。牠們的生活自由自在，接近最真實的自然世界，因此也接近最真實的善。

「人也一樣，**當一個人困於世俗的種種道德準則、規章制度時，制度越多，他離自然就越遠，他離善也就越遠**。在那世俗的繁華綺麗當中，所有的人都汲汲於各種物質。

「富翁永遠擔心他的財產縮水或被盜竊，官員永遠擔心他有朝一日會喪失權力。那些好的出身、顯赫聲譽，以及所有優越之處，都是邪惡的炫耀裝飾。

「**人身上的各種標籤都是假的**。有人被標上了將帥與帝王的印記，有些事物被打上了榮譽、智慧、幸福與財富的戳印；這一切其實全都是破銅爛鐵罷了。

「富有的人認為他擁有寬敞的房子、華麗的衣服，還有馬匹、僕人和銀行存款。其實並非如此，**他依賴它們，他得為這些東西操心**，把一生的大部分精力都耗費在這上面。**這些東西支配著他**。

「他是自己財產的奴隸，為了得到這些虛假浮華的東西，他出賣了自己的獨立性，這唯一真實且長久的珍貴寶物。

「而你看那條狗，再看看我。我一無所有。我沒錢，因此我不擔心有人會來偷竊我的財產；我沒權，因此我不擔心有一天我會被趕下臺。我所有的一切都在這裡，一個甕，一個背袋，和一件披風。」

陌生人大叫道：「你還是有東西的，你的甕就是你的東西。既然你說你一無所有，那我就把甕砸爛。」那位陌生人揮起木棍，將那個甕砸了個粉碎，第歐根尼雖然目瞪口呆，不過他一點也不在意。倒是旁邊的路人看不下去了，準備將那個陌生人扭送去法庭。

第歐根尼連忙對路人說：「你們不用抓他，他說的話也有道理。雖然我已經將一切的物質都拋棄了，但最終我還是保留了最基本的水準。我雖然將自己的生活與狗相提並論，但最終我還是不能赤身裸體；雖然我也曾在公眾場合全裸，但我還是遵守著這個城邦最基本的法律。因為我一向認為，如果沒有法律，社會將不可能存在；如果沒有城邦，社會也不會進步。」

「所以，」第歐根尼稍停了停，接著說：「所以他說的並沒有錯，請你們放過他吧。」路上的民眾都對陌生人的所作所為感到憤怒，第歐根尼雖然很令人討厭，經常捉弄別人，而且會讓人下不了臺，但第歐根尼可是個值得人尊敬的哲學家，而希臘社會最尊敬哲學家了。

群眾們最後還是聽從了第歐根尼的話，放掉了那個陌生人，但在放掉之前，他們狠狠的揍了他一頓，並且請人重新做好一個甕送給第歐根尼。

亞歷山大大帝走到第歐根尼面前時，他看到第歐根尼縮在一個全新的甕中，正瞇縫著眼晒太陽。亞歷山大站在第歐根尼面前說：「我是偉大的國王亞歷山大大帝，這個已知世界的王。」

第歐根尼翻翻白眼說：「我是犬儒第歐根尼，哲學家，未知世界的主宰。」

亞歷山大好奇的問道：「你做了什麼事而讓人稱你為狗呢？」

第歐根尼回答：「因為我對給我施捨的人獻媚，對拒絕者狂吠，對流氓則大加撕咬。」

「您可否去擔任我的老師？」

「免談，我沒興趣。」第歐根尼很乾脆的拒絕。

亞歷山大驚奇的說道：「為什麼？你可知有多少人願意做我的老師卻沒辦法嗎？」

「我不知道，也不想知道。」第歐根尼掏掏耳朵說：「至於我為什麼不想做你的老師，你看看那條狗。」

亞歷山大順著第歐根尼手指的方向看去，看到了一條癩皮狗正呼呼大睡。

「我稱自己為狗，就是想讓自己扔掉那一切浮華，像條狗一般可以自由自在的遨遊於自然。若去當你的老師，我就必須遵守宮廷規矩，每天按部就班上下課，那將使我遠離自然，遠離善。」

亞歷山大大帝只好作罷：「那麼，老師，我能為您做些什麼呢？」

第歐根尼像趕蒼蠅般揮揮手說：「麻煩你讓一讓，不要擋住我的陽光。」

這時，第歐根尼突然從甕裡起身，嘴裡罵罵咧咧的衝了出去。原來他看到了上次亂拳揍他的那人。第歐根尼一把揪住他，一頓爆打過去並大聲叫著：「我欠你三千拳，我欠你三千拳。」旁邊的路人們都哈哈大笑。

亞歷山大最後也只好無奈的走了，邊走邊感慨：「如果我不是亞歷山大，多希望我是第歐根尼啊！」

哲學家百科

・第歐根尼（約西元前四一三年至西元前三二三年），古希臘犬儒學派（Cynicism）代表人物，崇尚禁慾主義，認為世界上除了自然的需要必須滿足外，其他的任何東西，包括社會生活和文化生活，都是不自然的、無足輕重的。

・第歐根尼居住在一個木桶內，以行乞為生，宣揚友愛。他試圖揭露大多數傳統標準和信條的虛偽性，顛覆一切傳統價值。他從不介意別人稱呼他為「狗」，甚至高呼「像狗一樣活著」。

你所困惑的人生難題，哲學家這樣解答

・一無所需是神的特權，所需甚少是類神之人的特權。

・太陽也光顧汙穢之地，但並沒有因此而被玷汙。

・教育是人在順境中的飾物，逆境中的避難所。

・從哲學中，我學會了要做好準備去迎接各種命運。

第二部

快樂是什麼？
追求享樂有錯嗎？

09 考量一個行動是否有趣時，也要考量它的副作用

——「享樂主義」發展者，伊比鳩魯

伊比鳩魯（Epicurus）接受並發展了德謨克利特的原子學說，他從感官與經驗出發，肯定現實世界的存在。他認為**世界是由無數個原子組成**，而原子有三種運動：因重量而垂直下落的運動、稍微偏離直線的偏斜運動，以及由此而產生的碰撞運動。而這三種運動，經過複雜的組合，構成了整個世界的一切事物。

由此觀點，伊比鳩魯對世界提出了他的唯物主義理解。在他看來，神不存在。即便存在，那麼**神也只是由原子組成的另一種事物，並不能干涉我們的生活**。

這種觀點在當時無疑相當驚世駭俗，許多人對此表示不滿，紛紛上門與之辯論，試圖說服這位唯物主義的哲學家。有一天，就有極為信神的教徒上門質問。

伊比鳩魯問他們：「聽你們說，世界上有神的存在，是嗎？」那幾個信神的人就連連

點頭稱是。

「那麼，神只能有以下三種可能性：神願意但沒有能力除掉世間的惡；神有能力但不願意除掉世間的惡；神既有能力又願意除掉世間的惡。」

那幾個信神的人想了想，也只得承認確實是如此的。

他又接著說：「如果神願意但沒有能力除掉世間的惡，那麼，祂就不算萬能的。而如果並非萬能，那豈不是跟神的本性相違背？如果神有能力而不願意除掉世間的醜惡，那麼，這就證明了祂的惡意，而這種惡意同樣是和神的本性相矛盾的。如果神願意而且有能力除掉世間的醜惡（這是唯一能夠適合於神的本性的一種假定），那麼，為什麼在這種情況下世間還有醜惡呢？」

至此，伊比鳩魯得出了最後的結論：「神，是不存在的。」而那幾個信徒也只好承認他說的確實有道理。

享樂主義不是飲食男女，內心寧靜才是最高等級

伊比鳩魯學術有成之後，在雅典買了一間房子和一座花園，過著平靜的生活。他在花

園裡收徒教學，這座花園後來也成了伊比鳩魯學派的象徵，人們稱之為伊比鳩魯花園。

花園建成之後，學員很快就多了起來。他的三個兄弟都來這裡幫助他管理這所學校。除了來拜師學習的弟子，他的一些朋友也帶了妻兒老小來投靠他，甚至還有從希臘薩摩斯島逃出來的奴隸和妓女，也到伊比鳩魯花園來找他求助。

伊比鳩魯之所以來者不拒的收留這些人，是因為他認為友情比什麼都可貴。可是花園裡的人實在太多了，所以，他們只能過著十分清貧的生活。花園裡所有成人的飲食，只有麵包和清水，偶爾有點乳酪。有人勸他把那些不相干的人趕走，以免影響他自己的生活品質。

可伊比鳩魯說：「當我靠麵包和水過活時，我的全身就洋溢著快樂。**我輕視奢侈的快樂，這倒不是因為討厭奢侈本身，而是因為種種不幸會隨之而來。**」

有天，一個學生問伊比鳩魯：「老師，我經常聽你說起人生應該快樂。那麼究竟什麼是快樂呢？」

「人生的最大目的就在於追求幸福，這就是快樂。**快樂是指身體的無痛苦和靈魂的無紛擾**。快樂可以分為肉體的快樂和心靈的快樂；肉體的快樂是飲食男女所能給人帶來的歡快，而心靈的快樂就是對肉體快樂的觀賞。」

他的學生接著問：「那麼我們應該追求飲食男女的快樂嗎？」

伊比鳩魯回答：「飲食男女的快樂應該有節制。因為不節制這種快樂的後果，不會更快樂，而是感到痛苦。胃可能是一切快樂的根本，但是大吃大喝的後果是使身體得了胃病，而得了胃病以後的痛苦，完全壓倒了吃喝的快樂。」

接著，伊比鳩魯又談到了性愛的快樂，他說：「性愛是最激烈的快樂之一，但是性交從來也沒有對人產生過好處。如果它不傷害人，這就已經算是不錯的了。」

他的學生又問：「那麼難道就沒有什麼是完全快樂的嗎？」

「我要求的是寧靜的快樂，而不是激烈的快樂。在我們追求快樂時，應該審慎的選擇和權衡利弊，否則快樂就是一句空話。明白了這一點，你就會懂得我們的花園為什麼總是吃麵包和水，只有在節日裡才有一點乳酪的原因了。同樣，**渴望財富和榮譽也是徒勞無益的，因為這些東西會使一個本來可以得到滿足的人，內心感到焦慮不安。**真正的快樂當然有。最可靠的社會快樂就是友誼，友誼和快樂是分不開的，沒有友誼，我們就不能安然無恙的生活，也不能快樂的生活。正因為這樣，我們才要好好培養友誼。」

「老師，那麼您認為心靈的快樂是什麼呢？」

「前面我已經說過，心靈的快樂就是對肉體快樂的觀賞。心靈的快樂唯一高出肉體快樂的地方，就是我們可以學會觀賞快樂，而不是執著痛苦。因此比起肉體的快樂，我們更能控制心靈的快樂。」

「那麼一個身體痛苦的人難道就永遠感受不到快樂了嗎？」這個學生接著問。

「身體的痛苦顯然是件大事。可是**快樂的極限，就是要使一切能夠產生痛苦的事物都被排除出去**。在快樂存在之處，只要快樂在持續著，那麼身體的痛苦或是心靈的痛苦，就都是不存在的。久病本身，對於肉體有比痛苦還多的快樂。」伊比鳩魯的回答令人費解。

學生只好進一步問：「老師，您的意思是不是說，我們應該苦中取樂？」

「是的，我終身受到疾病的折磨，可是我學會了以最大的勇氣去承擔它。甚至在一個人受到鞭打時，也可以感受到快樂。有時，我雖然經受了難以想像的痛苦，可是每當我回憶起我和朋友的那些談話時，我的內心總是感到非常快樂。因此對於長時間的痛苦，我們完全可以靠著心靈的訓練，忘卻身體的苦痛，而只想著一生中那些其他幸福事物的快樂。最重要的，是應該避免生活在恐懼之中。」

「如果每個人都追求自己的快樂，那麼這個世界不會變得混亂了嗎？」學生想到了另一個跟快樂有關的問題。

「我承認，每個時代的人都只在追求自己的快樂。有時候他們很有智慧，有時候又追求得很不明智。但是，每一個人在追求自己快樂時，都不應該去做那些破壞國家和社會利益的事情。這就是我的快樂主義思想。國家應該保護公民都能生活得快樂。」

「老師，您認為快樂是可以學習的嗎？」這個學生問了他最後一個問題。

「快樂是可以學習的。學習快樂最重要的，就是要有自然科學的知識。一個沒有任何自然科學知識的人，就不能享受無憂的快樂。**如果一個人不知道萬物的本質，時刻生活在恐懼之中，他當然不能感受到快樂了**。你學習我的哲學，最大的好處就是，能避開那些因為無知造成的恐懼。」

哲學家百科

- 伊比鳩魯（西元前三四一年至西元前二七〇年），古希臘哲學家，伊比鳩魯學派的創始人。他發展了蘇格拉底的學生——阿瑞斯提普斯（Aristippus）的「享樂主義」，並將之與德謨克利特的原子論結合。
- 他認為「最大的善來自快樂，沒有快樂就沒有善」。快樂包括肉體以及精神上的快樂。他強調，在我們考量一個行動是否有趣時，也必須考慮它帶來的副作用。在追求短暫快樂的同時，也必須考慮是否可能獲得更大、更持久、更強烈的快樂。

你所困惑的人生難題，哲學家這樣解答

- 別因為渴望你沒有的，糟蹋了你已經擁有的；記住你現在擁有的，曾經只是你希望得到的。
- 沒有壞的快樂，但是有些快樂會帶來比之更多倍的煩擾。
- 欲望超出生命的需要，超出自然的需要，這是痛苦的根源。
- 幸福就是身體的無痛苦和靈魂的無困擾。

10 唯一重要的時間，只有現在

——古羅馬神學、哲學家奧古斯丁

古羅馬學家奧古斯丁（Augustine）小時候和其他孩子一樣喜歡惡作劇，某年秋天，當梨子成熟時，奧古斯丁聽說隔壁鄰居不在家，而那鄰居家中有一棵很大的梨樹，儘管上面結的梨子並不像奧古斯丁家的梨子那樣又大又甜，但奧古斯丁還是召集了一幫死黨，翻牆進入鄰居家。他們的目的很簡單，就是將鄰居家樹上的梨子摘完。他們把所有的梨子，不管熟的還是不熟的，都摘下來扔在了地上。

事後，當奧古斯丁回憶起這件事時，他深深的自責：「當時我並不感到飢餓，而且自己家的梨子其實更好。這是一種令人難以置信的邪惡。如果是因為自己的肚子飢餓，或是沒有其他的辦法可以吃到梨，那麼這種行為還不至於顯得如此邪惡。可是實際上，這件事完全是出於一種惡作劇，出於一種對邪惡的偏好，正是這一點，才使得這種邪惡顯得不可名狀。」因此，他向上帝懺悔。

「上帝，請祢審視我的心，請祢查看我這顆落到地獄底層的心吧！現在請祢讓我的心向祢訴說：它在追求什麼？它希望我做個無端的惡者，在沒有邪惡引誘時，去追求邪惡本身。它汙穢骯髒，但我卻愛它；我熱愛滅亡，我熱愛自己的過錯，我並不愛導致過錯的原因，而是愛我這過錯本身。從天界墮落，從祢面前被逐的汙穢的靈魂啊，竟不是透過這恥辱來追求什麼，而是在追求著恥辱本身。」

這對於年少時的懺悔，直接導致奧古斯丁對「原罪說」的高度提倡。哲學家西塞羅（Cicero）的作品很大程度上激發了年輕的奧古斯丁對哲學的熱愛，雖然他的母親（一位虔誠的基督徒）曾經要求他讀《聖經》，並且他也試著去做了，可是他認為《聖經》缺少西塞羅作品的那種威嚴，再加上父親信仰摩尼教（按：又稱明教，由波斯人摩尼融合多種宗教思想創立），奧古斯丁便成了摩尼教徒。

但當他獲得了足夠的知識之後，對於科學的好奇，使他對摩尼教的教義產生了質疑。在閱讀了一些卓越天文學家的作品，並進行對比後，他說：「我把那些作品和摩尼所說的對比了一下，我認為他寫下的關於冬至、夏至、春分、秋分、日月蝕之事錯誤百出；然而其他我從世俗哲學書籍中，學到的有關問題之論證，雖然內容豐富，但沒有一樣能夠使我滿意，而我卻被教義命令著要相信這些事。它們不但不符合我自己的推算與觀察，而且互相矛盾。」

他甚至特別指出：「科學上的錯誤，並不會使信仰全盤錯誤；**只有以權威自居，稱自己得自神的靈感教育信徒時，那才會成為信仰錯誤的標誌。**」

為了解開對摩尼教教義的疑問，奧古斯丁去找了摩尼教中一位學識淵博的主教，希望能得到幫助。但是結果讓他大失所望。他說：「我首先感到他除了語法之外，對其他各門學科極端無知；而且即便是關於語法的知識，也只是表面而已。」

奧古斯丁覺得主教完全不能解決自己的問題，因為當提起自己的疑問時，主教也坦率承認自己對天文學一竅不通。因此奧古斯丁離開了坐落於北非海岸的迦太基，來到了羅馬，希望能找到可以解決問題的高人。

然而在羅馬，他也沒有找到這樣的人，直到他來到米蘭做修辭學教師，遇到了當時號稱「全世界最傑出的人物之一」的聖安博（Sanctus Ambrosius，西元四世紀基督教著名的拉丁教父之一）。他被聖安博吸引，且受到他的影響，對基督教產生了興趣。

由於摩尼教中沒有關於心靈救贖的部分，因此最後，奧古斯丁將自己脆弱的心靈寄託在了基督教理論中，從此皈依了基督教。他開始相信：罪惡並不起源於某種實體，而是起源於意志中的邪惡。

奧古斯丁最重要的著作《懺悔錄》（*Confessiones*）第十一卷中寫到：「假如創世有如

《創世紀》第一章，那麼創世應當是更早發生的。但是為什麼世界沒有更早被創造呢？因為不存在所謂『更早』的問題。」

時間是什麼？過去和未來都建立在「當下」

在《舊約聖經》全書中，創世是無中生有的創造，然而這對於古希臘哲學家來說相當陌生。當柏拉圖和亞里斯多德談及創世時，他們想到的是一種由「上帝」賦予形象的方式。他們所說的上帝，更接近於一個設計師或建築師，因為在他們看來，物質實體是永遠的，不是被造的，只有形象才是上帝所賦予的。

但是在奧古斯丁和基督徒看來，世界不是從任何物質中而來，而是從無中創造出來。上帝不僅進行了整頓和安排，祂創造了物質實體。

所以，時間是與世界同時被創造出來的。上帝在時間的意義上來說是永恆的；在上帝那裡，沒有所謂的以前和以後，只有永遠的現在。上帝的永恆性是脫離時間關係的；對上帝來說一切時間都是現在。

上帝並不先於祂所創造的時間，因為這意味著祂存在於時間之中；實際上，上帝永遠站在時間的洪流之外。這也使奧古斯丁寫出了令人十分欽佩的時間相對性理論。

「那麼什麼是時間呢？」奧古斯丁說道：「如果沒有人問我，我是明白的；如果我想給問我的人解釋，那麼我就不明白了。」種種困難使他感到迷惑不解：「但可以肯定的是，如果沒有東西逝去，則不會有過去的時間；如果沒有東西到來，則不會有將來的時間；如果沒有東西存在，則不會有現在的時間。」

他說：「實際存在的，既非過去，又非未來，而是現在。現在只是一瞬間，而**時間只有當它正在經過時才能被衡量**。雖然如此，也確實存在過去和未來的時間。」於是我們被帶入了矛盾當中。

為了避免這些矛盾，奧古斯丁的解釋是：「**過去和未來只能被想像為現在，過去必須與回憶相同，而未來則與期望相同**。」回憶和期望兩者都是現存的事實。

奧古斯丁說總共有三種時間：「過去事物的現在、現在事物的現在，以及未來事物的現在。**過去事物的現在是回憶，現在事物的現在是現實，未來事物的現在是期望**。」但是他又說：「有過去、現在和未來的三種時間，只是一種粗率的說法。」顯然，奧古斯丁並不能解決所有關於時間的問題。

「主啊，我向祢坦白，我對於時間之為何物，依然是茫無所知的。」

哲學家百科

- 奧古斯丁（三五四年至四三〇年）古羅馬神學家、哲學家。他死後被天主教會封為聖人和教會聖師，但其部分神學理論不被某些基督教派認同，而被視為若干異端理論的重要源頭。
- 他的主要貢獻在於發展基督教哲學論證，以便服務神學教義，為人們認識上帝的絕對權威奠定了基礎。他的「三一論」主張：「上帝（即神）創造了一切。在上帝創造一切以前，一切都不存在。」

你所困惑的人生難題，哲學家這樣解答

- 時間是最好的醫生；耐心是智慧的伴侶。
- 你若沉默，請出於愛而沉默；你若發聲，請出於愛而發聲。
- 世界是一本書，不旅行的人只能看到其中的一頁。
- 壞習慣如果不加抗拒，很快會變成必需品。

11 在真理面前，我半步也不退讓

——文藝復興時期的天文學家布魯諾

羅馬鮮花廣場，這個充滿詩意的名字，卻曾經與令人髮指的罪惡聯繫在一起。這裡是中世紀和文藝復興時期的羅馬最有生氣、也最殘暴的地方。義大利哲學家布魯諾（Giordano Bruno）就是在這裡被羅馬異端裁判所活活燒死。

今天，鮮花廣場卻成了羅馬人舉行活動的中心，色彩斑斕的市場、各式各樣的飲食店、充滿現代氣息的酒吧，使得這裡充滿了生氣。廣場中心有一尊銅像，為了紀念一位因真理而殉難的英雄所建立。這位不朽的英雄就是布魯諾。

當布魯諾還在聖多明尼克修道院學習時，有次和同學想引用義大利詩人阿里奧斯托（Ludovico Ariosto）的詩集《瘋狂的羅蘭德》（*Orlando Furioso*）替自己預言，看看各自將來的命運如何。結果布魯諾翻到了這一行：

一切法律、一切信仰的仇敵……

這行詩弄得大家目瞪口呆，惶恐不安。誰也想不到，鬧著玩的事，竟真的預言了布魯諾的命運，他的一生都在與教會的鬥爭中度過。一五七六年，二十八歲的布魯諾走投無路，毅然決定離開羅馬，開始長年的漂泊生涯。輾轉在法國、瑞士、英國和德國流亡，每次都由於教會的迫害而不得不遷往其他地方。後來，布魯諾回到威尼斯，卻被朋友出賣遭到逮捕，此後落入宗教裁判所，被囚禁長達八年。

獄中，布魯諾受盡折磨，但他英勇不屈，不畏迫害，堅持認為自己沒有做任何會後悔的事情。他說：「在真理面前，我半步也不退讓！」最後，教會以「異端分子和異端分子的老師」之罪名，於一六〇〇年二月十七日，在羅馬鮮花廣場對布魯諾處以火刑。

感性，是認識真理的開端

布魯諾的主要著作有《論無限、宇宙和世界》（*De l'Infinito, Universo e Mondi*）、《論

原因、本原與太一》（*De la causa, principio et uno*）等。在這些著作中，布魯諾闡明了自己對宇宙的理解，建立了一個泛神論（按：是一種將大自然與神等同起來，以強調大自然的至高無上的哲學觀點。認為神就存在於自然界一切事物之中，並沒有另外的超自然主宰或精神力量）的哲學體系。

布魯諾認為，自然界有兩種實體，即形式和物質。但形式不能脫離物質而獨立存在，而物質世界是在「形式」的作用下運動和變化。

包括一切的統一宇宙就是「太一」（按：最初始或最終極的原理），它既是統一的，也是無限的。對於太一，布魯諾稱之為「神」，但這只是一種稱呼，既沒有人格，更不是萬能的上帝或者宇宙的主宰。因為這些觀點，布魯諾被稱為徹底的泛神論者。

對於人對自然真理的認識，布魯諾分為四個階段：感性、知性、理性和心靈。

一、只獲得混亂形象的感官。

二、帶有一定差別的悟性。

三、思辨的理性。

四、神和靈魂合一的神聖直觀。

他認為**感性是認識的開端；知性的任務則是運用抽象概括和推論的能力，從特殊中抽象出普遍性**；理性的任務是主動、積極的整理知性活動的成果，把知性得出的論斷提升成原則原理，從而認識到事物的實體同一性。

心靈作為認識的最高能力，則是對普遍實體的直觀感受。只有在心靈中，神或自然的本質才會生動的表現出來，讓人達到對一切存在的本質、無限宇宙的最高認識。

哲學家百科

- 焦爾達諾．布魯諾（一五四八年至一六〇〇年），文藝復興時期義大利天文學家、哲學家，捍衛和發展了哥白尼的日心說，認為宇宙是無限的，太陽系只是無限宇宙中的一個天體系統，太陽只是太陽系的中心。
- 他創立了自然主義泛神論的哲學體系，認為自然界即神，萬事萬物都存在連繫，且在不斷運動變化之中。

你所困惑的人生難題，哲學家這樣解答

- 智力不會在已經認識的真理面前停止，它始終會不斷前進，走向尚未認識的真理。
- 科學是使人的精神變得勇敢的最好途徑。
- 真理就是真理，不會因為是否被多數人相信而改變。
- 為真理而鬥爭是人生最大的樂趣。

12

學習要像蜜蜂，別自許為勤勞的螞蟻

——英國哲學家，近代歸納法的創始人培根

在英國哲學家培根（Francis Bacon）之前，歸納法並不是一種研究方法，經不起科學的推敲。有一次，培根給人們講了一個故事，來說明簡單列舉法的缺點。

有天，一位戶籍官要登記威爾斯某個村莊全體戶主的姓名。他從村子的東邊開始逐戶登記，在第一戶時，戶主告訴他自己名叫「威廉．威廉斯」。這位戶籍官鄭重其事的在他登記表上寫下了該戶主的姓名。

到了第二家，戶主告訴他：「我叫威廉．威廉斯。」那個戶籍官看了他一眼說：「你也叫威廉．威廉斯？」「是，我叫威廉．威廉斯。」戶主回答說。

到了第三家，他問：「姓名？」戶主回答說：「威廉．威廉斯。」

「什麼？你也叫威廉．威廉斯？」戶籍官有些疑惑。

戶籍官依然非常認真的把戶主姓名登記到表上。到了第四家，戶籍官心裡想，大概這家的戶主也叫「威廉．威廉斯」。他問戶主姓名，戶主大聲說：「威廉．威廉斯。」

「哈哈，果然不出我所料，這位戶主也叫威廉．威廉斯。」戶籍官心裡暗暗高興，「不用說，第五家戶主肯定也叫威廉．威廉斯。」

「你叫威廉．威廉斯，對不對？」戶籍官這次直接自己問了。

「是啊，我叫威廉．威廉斯。長官，你是怎麼知道的？」戶主覺得有點奇怪。

「那還用問，我根據的是一種叫簡單列舉法的科學方法。」果然，第六家戶主也叫威廉．威廉斯，再次證明了這種科學方法的有效性。

於是，戶籍官心想：「由此看來，這個村莊所有戶主都叫威廉．威廉斯。既然如此，我何苦費心費力一家一戶登記呢？乾脆，我把表格上所有的戶主姓名都寫成威廉．威廉斯，不就完事了嗎？」

想到這裡，戶籍官便把所有戶主的姓名都寫成了威廉．威廉斯，寫完後就回去休息了。

幾天之後，長官把他叫到辦公室問話：「你有到村莊裡挨門逐戶的登記嗎？」

「報告長官，我沒有每家每戶的登記，但我使用了一種科學方法，保證不會出錯。」

戶籍官理直氣壯的說。

「可是為什麼有一個叫約翰的戶主，登記表上沒有他的名字呢？」

「什麼？這個村莊所有的戶主都叫威廉．威廉斯，沒有叫約翰的。」

「哼！你自己看看吧！」長官把一份納稅表扔給了他。這位戶籍官一看，不禁目瞪口呆，因為在這張表格上，明明白白的寫著約翰的名字。「這是怎麼回事……。」戶籍官不明白，根據簡單列舉法得到的結論，為什麼還會發生問題。

培根講完這個故事，就對大家說：「從這位戶籍官所犯的錯誤中，我們可以得出什麼結論呢？那就是單純使用列舉法是靠不住的。如果我們無條件信賴這種方法，我們的認知就可能走上岔路，因此我們應該找到一種比列舉法更高明的歸納法。」後來，培根果然建立了理論框架較完整的邏輯歸納法。

學習要像蜜蜂一樣，吃下後吐出釀成知識蜂蜜

有一天，培根做了一次名為「螞蟻、蜘蛛和蜜蜂」的演講。在演講開始後，他問大家：「大家見過螞蟻、蜘蛛和蜜蜂嗎？」大廳裡立刻發出了一陣哄笑。

「螞蟻、蜘蛛和蜜蜂，這些大家都知道，可是你們誰能夠說出，它們在歸納法上各有什麼特點和意義呢？」培根說。

全場立刻安靜了下來。

培根環顧了一下周圍的人，慢慢說道：「螞蟻是非常勤勞的生物，牠們整天都忙忙碌碌，忙著把食物從外面搬回自己的窩裡，貯存起來準備在冬天食用。而蜘蛛則不停的吐絲織網，從自己肚子裡面往外面吐東西。蜜蜂則忙於採集花粉，不過吃進肚子裡以後，會再把它們吐出來，釀造成蜂蜜。」

「從方法論的角度來說，**螞蟻的方法是知識搬家，蜘蛛的方法是搜腸刮肚，而蜜蜂的方法則是消化、吸收和創造。**」培根用簡單的語言，就把深奧的方法論解釋得很清楚。

「許多人做學問，實際上就像螞蟻一樣，自己沒有什麼新見解，只是把過去的人說的那一套東西，照樣搬過來用。可見螞蟻的這種做法，對於累積新知識，一點好處也沒有。

「還有一些學者做學問，就像蜘蛛一樣。蜘蛛的情況和螞蟻不一樣，蜘蛛型學者只知道閉門造車，自己在書齋裡苦思冥想、搜腸刮肚的『創造知識』，可惜這種知識非常膚淺，因為他們沒有充分利用前人的成果。

「而蜜蜂型的學者知道，**知識的累積對於創造新的知識非常重要**，因此他們很重視前人的經驗，但是他們又不是將前人的知識完全照抄照搬，而是**經過去蕪存菁、分析反芻的**

過程，形成自己的獨特見解。

「因此，我提倡所有的學者都該向小蜜蜂學習，不但要在前人累積起來的知識花園裡辛勤勞動，最大限度的收集前人對某些問題的見解，而且要把花粉釀造成蜂蜜。」

培根這個「螞蟻、蜘蛛和蜜蜂」的故事，就這樣一直流傳了下來，成為新知識創造者最好的方法論啟蒙教材。

害死科學之光的好奇心

培根父親死後，沒有給他留下太多遺產，這使他的生活變得很拮据，後來他取得了律師資格證，但人們不承認他是一個法學家，因為他把哲學觀點帶進了法學。

有次，一名慣竊請求培根救他一命，理由很可笑：「我叫 Hog（豬），你叫 Bacon（培根），我們是親戚。」但培根機智的回答：「朋友，如果你不被絞死，我們就不是親戚，因為豬死了之後才能變成培根。」

後來，培根遇到了貴人。伊莉莎白一世（Elizabeth I）的寵臣埃塞克斯（Essex）伯爵看上了他的才華，屢次向女王推薦他，他也很快就得到了女王的賞識。

某次，長期生活在皇宮之中的女王心血來潮，親臨培根的家，她沒有想到培根的住宅會如此簡樸，驚嘆道：「你的房子太小了吧！」培根則聳聳肩，平靜的說：「陛下，這是因為您光臨寒舍，才使它顯得小了。」

後來，因為政治上的失誤，埃塞克斯與女王產生了嚴重的矛盾，培根選擇了背叛朋友，站在了女王一邊，最終埃塞克斯被處以死刑。

新國王詹姆斯一世（James I）登基，給培根帶來了機會，新國王表示自己喜歡哲學，而培根則向他保證，自己一輩子都會獻身於哲學。國王任命培根為皇家律師、總檢察長、掌璽大臣、大法官，又封他為維魯拉姆男爵、聖阿爾班子爵，這些都是為他創造出來的貴族爵位。

然而，就在培根受封子爵後三天，下議院的議員與國王代表爭執了起來，他們開始議論國王和大臣們的特權，又抱怨司法不公。

在培根的政治仇敵愛德華．科克（Edward Coke）的授意下，議員們揭發重大的舞弊行為，矛頭直指大法官培根。國王決定棄車保帥，讓培根充當下議院怒氣的代罪羔羊，生性懦弱的培根承認所有的指控。

最後，培根被處以罰款、免除貴族稱號，剝奪擔任公職、議會和進入宮廷的權利，並監禁在倫敦塔。

獄後的培根生活困窘，窮得甚至喝不起啤酒。然而如果沒有啤酒，培根就睡不著覺。他還有一些怪癖，例如相信月亮對健康有好處，或者在下雨時坐著敞篷馬車外出。

培根是被他的好奇心害死的。那時，流行病正肆虐倫敦，疾病消耗了他最後的精力。但培根非常喜歡研究自然，而且他認為，真正有效的科學方法，應該從最直接的觀察開始，並不是利用前提假設。所以他不顧及自己的健康，把大部分時間用來做試驗。

一六二六年四月二日，天上下著大雪，培根想要試驗雪對防止有機物質腐爛的作用。於是，他去買了一隻剛剛宰殺好的雞，親手把雞埋在雪裡。但是，寒冷的天氣讓他得了重感冒，甚至支撐不到回家，只好就近到伯爵家棲身。

他給在外地的伯爵寫了一封信，說他差點遇到與普林尼（按：Gaius Plinius，古羅馬學者，為了考察維蘇威火山噴發，在接近火山時死去）同樣的結局，他也沒忘告訴伯爵實驗成功了。一個星期後，培根離開了人世，他最後寫下了：「我把靈魂留給上帝，把軀體留給黃土，把名字留給未來的時代和異國他鄉的人們。」

哲學家百科

- 法蘭西斯．培根（一五六一年至一六二六年），英國哲學家、自然科學家、邏輯學家、歷史學家，近代歸納法的創始人。試圖分析和確立科學的方法，及其應用方式，給予新科學運動發展的動力和方向。
- 培根認為：「人的知識（認識），只有透過感性經驗從客觀外界獲得。」但是他也主張人的感官本身有局限性，並強調了科學實驗的重要，被後人奉為「現代實驗哲學之父」。

你所困惑的人生難題，哲學家這樣解答

- 讀書不是為了雄辯和駁斥，也不是為了輕信和盲從，而是為了思考和權衡。
- 讀書補天然之不足，經驗又補讀書之不足。
- 知識本身並沒有告訴人們怎樣運用它，運用的方法乃在書本之外。
- 人生如同道路，最快的捷徑通常是最壞的路。

13 不要完全信任感官，理性比感覺更可靠

——提出「我思故我在」，西方現代哲學奠基人笛卡兒

一六一九年十一月十日是個很特殊的日子。時至今日，我們已經不能確切知道那晚究竟發生了什麼事情，但對笛卡兒來說，那天絕對令他無法忘懷。

在那個晚上，笛卡兒和往常一樣安然進入了夢鄉。但這次，他沒有像往常一樣一覺睡到天亮。也許是他白天時思考了太多的問題，以致雖然已經躺到了床上，但腦袋仍然在高速運轉中，直到他朦朧睡去。

這晚他做了三個夢，三個他醒來之後仍然記憶清楚的夢，三個改變了他的一生，同時也影響了整個近代科學的夢。

在第一個夢裡，笛卡兒收到了一個甜瓜，他在大街上走著，試著將身子向左偏斜，因為他覺得自己的右側軟弱無力。突然他受到了暴風雨襲擊，被風吹到了教堂。然後是第二

個夢，他聽到了震耳的雷聲，這雷聲使他驚醒，但隨即又安然睡去。

第三個夢，也是最具含義的夢。夢中笛卡兒看到了一本書，感覺是辭典，旁邊還有一本詩集。他翻看詩集，讀到一行拉丁文的詩句，意思是：「我該追求什麼樣的生活？」

同時，有位陌生人向他推薦了一首詩歌，開頭寫著：「亦真亦假」笛卡兒回答說他也知道這首詩。他還告訴陌生人，他知道同一個詩人寫的另外一首更優美的詩，開頭是「……我該追求什麼樣的生活？」」。

陌生人要笛卡兒找給他看，笛卡兒卻找不到，但是發現了各式各樣的小雕像，上面的人物卻沒有一個是笛卡兒認識的。剎那間，陌生人和雕像都不見了。

該追求什麼樣的生活？統一所有知識就是真理

笛卡兒從夢中醒來後，躺在床上仔細琢磨著這些夢的啟示。他的解釋是這樣的：

第一個夢裡別人送給他的甜瓜象徵著「孤獨的樂趣」，但這必須經過努力的追求才能得到。而將他吹向教堂的風不是別的，正是一個惡鬼，嘗試著「強迫把他推入他本想自願走去的地方。上帝不允許他被未曾派遣的精靈影響，哪怕是飄往神聖的地方」。

第二個夢代表了「良知」，即對過往所有罪惡的虔誠懺悔。那一聲雷鳴意旨上帝的真理降臨。

而第三個夢裡，辭典象徵著「所有科學知識的綜合」，詩集則代表哲學、智慧與熱情。笛卡兒相信，這個夢說明了**人類所有的知識，在理性思想的幫助下可以統一為一體**。他認為，是「真理的精神」透過夢境，向他開放通往所有科學寶庫的道路。

學習的越多，未知的世界就越大

笛卡兒的死頗具戲劇性──他因為一個仰慕自己的人而客死異鄉。笛卡兒身體狀況非常糟糕，他的母親在生下他十三個月後就因為肺病去世。笛卡兒遺傳了他母親那蒼白的面色和乾咳的病症，弱不禁風。許多醫生都斷言，這個孩子活不了多久。

因此，撫養他的外祖母將他像顆幼苗一般養在溫室裡，精心照顧他，甚至不允許他和其他孩子玩樂。後來，笛卡兒開始上學，他的父親將他託付給了遠房親戚。

這位親戚發現笛卡兒有個愛沉思的心靈，同時為了照顧他糟糕的身體，也讓他不用太早起床。漸漸的，笛卡兒養成了睡醒之後仍然躺在床上沉思冥想的習慣。

進入耶穌會學校之後，笛卡兒閱讀了大量書籍，慢慢萌生了向世界求學問、閱讀世界這部大書的願望。於是在畢業後，笛卡兒拋開了書本，開始了他長達十年的遊歷之旅。

他曾到過巴黎，體驗豪華放蕩的貴族生活。他曾多次用他的機智和數學知識，讓開設賭局的莊家輸得傾家蕩產。隨後他厭倦了那種浮華綺麗的生活，離開了巴黎，在荷蘭作為志願軍加入了奧蘭治親王，拿索的毛里茨（Maurits van Nassau）的軍隊。當然笛卡兒並不喜歡流血和暴力，參加軍隊只是因為這是最經濟、最簡便，也最安全的旅行方式。你見過有哪個盜賊敢對軍隊動手嗎？

笛卡兒不停的遊歷、思考和探索，在廣大的世界中吸取知識的營養，但他總覺得自己是無知的。有次他的朋友問他：「你的學問已經如天上的星辰般遼闊廣博，竟然還感嘆自己的無知，這不是太可笑了嗎？」

笛卡兒回答：「蘇格拉底不是畫過一個圓嗎？圓圈內是已知的知識，圓圈外是未知的知識，浩瀚無邊的未知的世界。**知道得越多**，圓圈也就越大，**與外界接觸的空白面就越多，所接觸到的未知世界就越大**，這樣的我，又如何能夠認為自己知識淵博呢？」

經過十年遊歷之後，笛卡兒認為自己已經有能力建立新的哲學、科學了，於是他先回到法國老家。這時笛卡兒已經頗負盛名，大批的民眾絡繹不絕的來拜訪他，笛卡兒因此不堪其擾，認為這些慕名而來的人打破了他安靜和沉思的環境，這根本不是思考問題和研究科學的地方。

所以笛卡兒後來搬去了荷蘭。在那裡，他寫出了諸多日後代表他思想的著作，並研究了數學、生理學、光學、氣象學、化學、物理學和天文學等諸多科學領域。

這時，遠在瑞典的克莉絲汀娜女王（Drottning Kristina）向笛卡兒拋出了橄欖枝，此時笛卡兒在荷蘭已聲名顯赫，而且早在笛卡兒遊歷時，克莉絲汀娜女王就已經和笛卡兒有了書信往來。

因此，克莉絲汀娜女王在獲悉笛卡兒的書在荷蘭被禁時，立刻邀請笛卡兒去瑞典做她的家庭老師。

笛卡兒在第一次收到克莉絲汀娜女王的邀請之後，一時頗為激動，甚至有過幻想，可以從女王那裡得到幫助，來實現柏拉圖未能完成的理想國偉大事業。

但是，笛卡兒終歸是理性的哲學家，考慮到斯德哥爾摩的冰天雪地、自己脆弱的身體，笛卡兒不得不寫了一封措辭懇切的回信，使女王相信「殿下是上帝的影像中所創造出最高貴之人」，而被女王召喚是他的莫大榮幸，但是他請求免除他「瞻仰她的優雅風度」的殊榮，因為「在過了二十多年的隱居生活之後，我已並不年輕，恐怕受不了旅途的顛簸勞動之苦」。

但是克莉絲汀娜女王是一個頑強且固執的人，她性格剛毅，意志堅強。在收到笛卡兒的第一次拒絕之後，她特意派了一艘軍艦和一個特別使團，趕赴笛卡兒僑居的荷蘭，來接這位偉大著名的哲學家。

這次，笛卡兒不得不應允了。不過，他似乎對自己的命運有所預感，他在給朋友的一封信中說：「二十多年來我旅行無數次，過程都是如此不幸，以致我害怕將來會陷入海盜之手或遭到覆舟之禍；失去自己的財產，或失去自己的生命。」

結果笛卡兒的預言不幸成真。克莉絲汀娜女王是個精力充沛、頑強又好學的學生，對於任何一個老師來說，這種學生是最好的教學對象，但對於笛卡兒來說，女王的要求讓他苦不堪言。

因為女王覺得自己在早上時頭腦最清醒，因此她要求笛卡兒每週三天的時間，要在天亮前趕到宮殿給她上課。於是笛卡兒不得不在瑞典長達半年的嚴寒中，經常早上不到四點就起床，然後爬上冰冷的馬車，趕到宮殿去給女王上課。

到瑞典不久，笛卡兒就在給朋友的信中寫道：「我只想要寧靜和休息，寧靜和休息就是幸福。」一六五〇年的冬天極為寒冷，當地人也說那是五十年來最冷的一個冬天。而笛卡兒原本就欠佳的身體狀況，也在這種高強度的教學下迅速惡化。

來到瑞典四個月之後，笛卡兒就得了嚴重的肺炎。女王給他派了數位醫生，可惜都無法痊癒。在僅僅半年後，笛卡兒就逝世了。

怎麼確定「我」存在？懷疑本身就是證明

自從接下克莉絲汀娜女王的邀請，笛卡兒就不得不在早上四點起床，坐上半個小時的馬車趕到皇宮，再給女王講課。

這天也是如此，不過在進入宮殿後，溫暖如春的感覺，讓笛卡兒對宮殿裡的壁爐不由深深致上感激的一眼，接著開始了例行的講課。

但是女王今天別有用心，她不等笛卡兒開口就問道：「笛卡兒先生，聽說您發明了一種新的哲學理論，是嗎？」

笛卡兒笑著道：「好像是的。」

「能說給我聽嗎？」

「當然可以。」接著，笛卡兒開始講起了他的心物二元論（按：笛卡兒認為人是由「心靈」和「肉體」兩部分組成，且這兩個部分彼此獨立存在。為了溝通這兩個毫無共同之處的實體，以說明科學知識的客觀性，他又把上帝作為橋梁，說靈魂和形體只是相對的實體，兩者都是上帝所創造的），這可是曠世的哲學，女王聽得一臉迷茫。笛卡兒見狀，連忙停止了講課，問道：「克莉絲汀娜女王，您是不是有不明白的地方？」

「我聽不懂。」女王並不因自己聽不明白而感到羞愧，畢竟僅是那些術語就讓她不知邊際了，而且哲學又是一門很高深的學問。

笛卡兒低頭仔細想了想，目光瞥到了那座溫暖的壁爐，突然有了主意。他指向那座被他感激過的壁爐說道：「女王陛下，您看那是什麼？」

「壁爐啊。」女王答道。

「您再看那壁爐裡面有什麼。」

「火啊。」

「請您再試著想像一下，能不能幻想我現在正穿著長袍，坐在壁爐邊上烤火呢？」

「當然可以。」

「我想也是。」笛卡兒點頭道：「因為我過去也常常做夢，夢見我穿著長袍，坐在壁爐邊上烤火。而實際上，那只是夢境。我只是光著膀子躺在床上。因此我很難斷定，當下的情況是不是夢境或者幻覺。您理解這個意思嗎？」笛卡兒頓了一頓，問道。

「當然。」

笛卡兒微一點頭，接著說道：「因此，**我們不但可以懷疑自己的感覺和肉體，也應該**

懷疑其他的各種知識，例如說，對於數學，我們就完全應該有理由來懷疑。」

「可是數學又該怎麼懷疑呢？」女王問道。畢竟數學都是公理啊，不可懷疑。

「不知道您發現沒有，一些簡單的數學問題，許多人在推導它時，也會出錯。所以我們很難保證自己在進行同樣的推導時一定不會出錯。您試想一下，是不是這樣。」

女王低頭想了一會兒才答道：「好像是的。」

「那麼，我是不是可以據此斷定：幾乎沒有一種概念是完全肯定的，世界上的一切都是可以懷疑的。」笛卡兒笑著道。

「按照你的這個說法，難道你也懷疑你自己的存在嗎？」女王笑著反問道。

「不！儘管我可以懷疑一切事物的存在，但有一件事無庸置疑。」

「什麼事情？」女王問道。

「那就是『我在懷疑』本身。」

「我在懷疑？」女王有點不理解。

「對，我在懷疑。」笛卡兒特意加重了語氣。

「因為**『我在懷疑』這件事情本身是不可懷疑的**。我在懷疑，代表『我』正在思考。若肯定了『我在懷疑即我在思考』，那麼否定思想者本身的存在，就是自相矛盾且不合理的。**思想，必然要依附於思想者而存在**。」笛卡兒最後說出了自己最著名的哲學觀點：「所以，我思故我在。」

女王覺得終於聽明白了：「所以說，笛卡兒先生，您是認為有一個有血有肉的我存在是不容懷疑的。」

「當然不是。」笛卡兒連連搖頭：「這個『我』，並不是現實中這個有血有肉的我，剛剛我已經說明了，現實中的我是可以被幻想出來和懷疑的。就像我們可以質疑任何一個數學公理存在的合理性一樣，我們也可以懷疑現在我在這裡講課，是否只是某個造物主製造的幻覺而已。

「我所說的『我』，是那個可以思考我為什麼存在，懷疑這一切存在之合理性的『我』，它不是有血有肉的，而是一種思維，一種心靈的存在。」

「哦。」女王恍然大悟：「您所說的，並不是這些存在於現實世界中的個體，而是那個可以在思想中去思考『為什麼我會懷疑』，在懷疑著這一切存在合理性的『我』，是不是？」女王興致勃勃。

「沒錯。」笛卡兒含笑著道。

「但是，如果按照您所說的，『我』是那個可以懷疑這一切的我，那麼這世界上的物質實體又是如何進入那個『我』的呢？」女王對於哲學的思考也是很深刻的。

「這就要牽扯到另外一個問題，那就是心靈如何去認識事物。」笛卡兒繼續指著壁爐問道：「您看那個壁爐，如果我們不去思考，那麼它是否會繼續存在在那裡，就像日月星辰不因我們的生滅而生滅起落一樣？」

「當然。」女王點頭。

「然而我們現在能夠思考它，這又是為什麼呢？是因為我們可以思考。雖然那個懷疑一切的『我』並不明確存在，但是它是有思想的。不過物質實體不一樣，物質實體雖然確實存在，但是它們沒有思想。也就是說，它們是不可能去思考為什麼它們會存在、它們存在的真實性等問題。」

笛卡兒的話被女王迫不及待的打斷了：「笛卡兒先生，您剛剛還說我們可以懷疑這一切存在的合理性和真實性，為什麼現在又說那些物質實體是真實存在的呢？」

「問得好。」笛卡兒讚揚道：「那是因為在物質和思維這兩個實體之間，存在著第三個實體，正是這第三個實體，使得思維可以去思考存在的種種物質。」

「這第三實體是什麼？」女王好奇問道。

笛卡兒神祕的笑說：「是上帝。」

「上帝？」女王是個虔誠的基督徒，因此這讓她有點不理解。

「是的，上帝。」笛卡兒堅定的點點頭：「這世界上，有思想這個實體的存在，但是它只能思想，不能廣延（按：意指「延展的東西」）。笛卡兒也經常把這一概念翻譯為「物質實體」）。而物質實體，它只擁有廣延性而不能思想。那麼，為什麼在我們的思想中，會出現各式各樣物質實體的形象和概念呢？是**因為上帝把這些清楚明白的概念放到了我們心中，因此那個懷疑一切的『我』就可以認識這個世界**，認識這些物質實體，乃至認識那些被人們認為是公理的東西，因此，我們現在就可以認識這個世界。」笛卡兒的哲學體系就這樣構建完成了。

在他的體系中，存在著思想這個第一主體，物質這個第二主體，以及上帝這個連接了思想和物質的第三主體；這三個主體，構建了人類認識世界的基礎。

哲學家百科

- 勒內．笛卡兒（一五九六年至一六五〇年），近代哲學的創始人，提出了「我思故我在」的命題，建立了心物二元論，黑格爾稱他是「近代哲學的宣導者」。
- 他主張，人類可以使用數學的方法（理性）思考哲學，他相信理性比感覺更可靠，他將「懷疑」作為出發點，認為感官知覺的知識是可以被懷疑的，我們並不能完全信任感官。

你所困惑的人生難題，哲學家這樣解答

- 當我懷疑一切事物的存在時，不用懷疑我本身的思想，因為此時唯一可以確定的，就是我自己思想的存在。
- 我思故我在。
- 懷疑是智慧的源頭。
- 讀傑出的書籍，有如和最傑出的人物促膝交談。

14 待人，不要笑，不要哭，不要生氣，要理解

——理性主義者，與笛卡兒齊名的哲學家，史賓諾沙

一六五六年七月二十七日，荷蘭阿姆斯特丹的猶太教會舉行了一項開除教籍的儀式，教會的拉比（按：猶太人的特別階層，為有學問的學者，是老師，也是智者的象徵）用洪亮的聲音，嚴厲的詛咒被開除教籍者。

燈燭一盞盞依次熄滅，象徵著那個被開除教籍之人的精神生命即將完結，並向整個猶太世界發布了公文：「任何人都不得以口頭或書面的方式與之交往，不得對他表示任何好感，不得與他同住一屋，不得靠近他兩米之內的距離，不得讀他的著作和書寫的任何東西。」這個被整個猶太教世界孤立的可憐人，就是荷蘭哲學家史賓諾沙（Baruch de Spinoza），時年二十四歲。

為什麼史賓諾莎會淪落到此下場？這就要從他的思想說起了。史賓諾沙出生於荷蘭阿

姆斯特丹的一個猶太家庭。他的父親是一名商人，擁有寬裕的家庭條件，因此小史賓諾沙可以進入當地的教會學校，學習以後如何當好一個拉比。

史賓諾沙聰敏好學，使得他在學完拉比的課程之後，還有大量的時間可以去看那些用拉丁文寫的哲學、光學，以及其他多門科學的著作。

就是在閱讀這些著作時，史賓諾沙逐漸萌發了日後導致他被逐出猶太教會的思想。他開始漠視猶太教的教規儀式，拒不遵守猶太教的飲食規則，他不相信靈魂不滅，否認天使的存在，主張上帝並不像教會裡所宣揚的那樣，是超越於世界的精神主宰，而是表現在大自然中。

史賓諾沙這些大膽的言論，在猶太教會中產生了巨大的衝擊，那些拉比們對此非常惱火，但是他們並不想將史賓諾沙的言論宣揚出去，因此一開始他們找到史賓諾沙，並許諾如果他可以保持沉默，且在表面上表現出他對宗教某種程度的服從，他就可以每年獲得一筆可觀的賞金。

要知道，那時史賓諾沙正逢父親去世，財產被同父異母的姐姐拿走，他必須自食其力。但是史賓諾沙拒絕了，因為他認為，如果他接受這筆錢，放棄對教會的批判，就會成為真理的叛徒。

於是，教會在一六五六年六月的某一天，傳喚了史賓諾沙。在法庭上，諸多人指證史賓諾沙妖言惑眾，發表異端邪說。不過史賓諾沙凜然不懼，犀利的反擊，並闡明自己的思想；因此法庭決定開除史賓諾沙的教籍。

然而，他們給了史賓諾沙三十天的思考期「留校察看」，如果史賓諾沙表現良好，他就可以重回教會。但是史賓諾沙依舊我行我素，於是就發生了本章開始的那幕。

拉比宣稱：「我們驅逐、孤立、憎恨和咒罵巴魯赫．斯賓諾莎，主將不寬恕他，主將對這個人表示憤怒和給予懲罰，並使他領受《摩西律法》所載的所有災禍，主要在普天之下毀他的名。並且，對於他的墮落，主將按照載入《摩西律法》中，蒼天之下的所有詛咒，將他逐出以色列人的十二支派。」

這是猶太世界最嚴重的懲罰，史賓諾沙卻對此毫不在意，他曾說：「很好，這樣我就可以不必強迫自己去做我本不願做的事情了。」

但是猶太的拉比們並不放過他，他們向阿姆斯特丹當局控告，說史賓諾沙是個危險分子，要求當局將之驅逐。史賓諾沙不得已，只好開始流浪，最後避居海牙。這時，史賓諾沙的雙親已經亡故，猶太世界也與之決裂，不得已之下，他只好靠磨製鏡片維持生計。

由於史賓諾沙本身深厚的光學造詣，所以他磨的鏡片品質非常好。當然，史賓諾沙本人並不關心這個，磨鏡片只是他維生的手段而已，他最重要的事情是每天磨完一定數量的鏡片交給朋友代賣之後，就一頭栽進哲學的世界，放棄一切的物質、榮譽和感官的快樂。

當時在海牙，史賓諾沙幾乎如同名勝一般，每個到此的人都以瞻仰史賓諾沙的風采為榮，但是他從來不曾接受過任何饋贈。

史賓諾沙先是拒絕了一個商人（也是他的好友）的資助。在那位商人將財產留給兄弟之後，史賓諾沙又一次拒絕了商人兄弟給予財富的好意。

他說：「如果我徹底下定決心，放棄迷亂人心的財富、榮譽和感官快樂這三種東西，那我所放棄的必定是真正的惡，而我所獲得的必定是真正的善。」

「**愛好永恆無限的東西**，可以培養我的心靈，使得它經常歡欣愉快，**不會受到苦惱的侵襲，因此它最值得我們用全力去追求，去探尋。**」

現代的哲學家，都是透過史賓諾沙的鏡片觀看世界

在史賓諾沙被拉比傳喚到法庭的那天，他在庭上和眾教士們激烈的辯論。辯論是從「猶太教法典是否具有普遍適用性」開始的。

教士們認為：「猶太教的法典是普遍適用於全人類的法典，因此任何人都應該遵守猶太教的法典。」

史賓諾沙對此嗤之以鼻，他反擊道：「很顯然，猶太教的法典最多只能適用於猶太教，它對世界上絕大多數人來說根本沒有約束力。比如說，整個基督教的世界。」

「可是基督教也是信仰上帝的。」教士們認為自己抓住了史賓諾沙的話柄。

「我是信奉上帝的啊。」史賓諾沙一臉無辜的說道。

教士們紛紛激動興奮了起來，因為史賓諾沙說他相信上帝，他們以為已經將史賓諾沙駁得啞口無言了。

「可是你信奉的上帝是哪個上帝啊？」一個對史賓諾沙稍有了解的教士，不相信史賓諾沙會這麼乾脆輕易的投降。

「我信奉的上帝，在邏輯學上或者形而上學中可以被稱為實體，在神學上就是被你們稱為上帝的東西。」史賓諾沙狡黠的笑了笑。

教士們群情激憤：「這傢伙竟然說上帝是個東西……」

「肅靜。」庭長拿起小槌子敲了敲，因為教士們已經被史賓諾沙牽著鼻子走了。他問史賓諾沙：「你可以說說『實體』的概念是什麼嗎？」

「當然可以。」史賓諾沙嚴肅的答道：「所謂的實體，指的是那種存在於自身之中，並透過自身被思考或理解的東西。也就是說，形成實體概念，無需借助於另一個事物。」

「那你的實體和我們的上帝是同一回事嗎？」教士們雖然早就聽聞過史賓諾沙的思想，

但還是要求史賓諾沙親口說出來，想藉人多勢眾來壓服史賓諾沙。

「所謂上帝，我指的是絕對無限的存在物，或由無限屬性組成的實體。其中每種屬性都表現出永恆、無限的本質。」史賓諾沙面不改色。

「你說的上帝和《聖經》中的上帝有區別嗎？《聖經》中的上帝也是無限存在的。」有位教士氣勢洶洶的回道。

「那可完全不一樣。」史賓諾沙搖搖頭：「《聖經》中的上帝其實是不存在的。」一句話捅了馬蜂窩，教士們將之奉若性命的上帝，竟然被史賓諾沙說成不存在，這讓他們以後怎麼生活，怎麼布道呢？

「你們應該明白，」史賓諾沙冷冷說道：「《聖經》本身並沒有給上帝一個嚴格的定義，《聖經》中的上帝並不具有無限存在的本質，而只是你們口中愛和正義的屬性。你們只是從自己的感覺表象上出發，去塑造上帝，將上帝想像成了統治者、立法者、皇帝、正義、愛等。可是你們想過沒有，這些都只是人的特質而已。你們這麼做，是把人的性質加到了上帝身上。**這只不過是你們把對人類最美好的要求、最完美的屬性加到上帝身上**，你們這是在貶低上帝。你們覺得把一頭最完美的豬的屬性擺到某人身上，那人會覺得那是光榮還是恥辱？」

史賓諾沙大笑道，輕易的將莫大的罪名安在了教士們的頭上。「不，我對上帝的虔誠無人可比。」教士們紛紛向上帝表示忠心。

「按照你的說法，難道上帝都不具備這些性質嗎？」教士們問道。

「當然。」史賓諾沙點頭說道：「上帝根本就不具備這些人的特性，這是個沒有耳朵和眼睛，沒有正義和愛的上帝。當它行動時，它並不考慮任何人的需要，僅僅按照它自身的規律來運作。這些規律並不像你們所想像的那樣，是指向人的需要和幸福，而是指向它自身的存在。」

「指向它自身的存在？」教士們聽不懂。

「對，就是指向它自身的存在，按照它自身的規律辦事。其實我所說的上帝，就是自然界這個確定性的存在。」史賓諾沙終於說出了他真正的思想。

「這個實體有兩種性質，廣延和思維，這兩個形式是認識自然界這個實體的兩種方式。實體無限而不變，形式有限卻多變。實體的運動就像剛剛所說的上帝一樣，是按照它自己本身的規律來行動，並不因外界的變化而變化，因此它的任何行為都起因於它自己，就像上帝一樣。」

史賓諾沙繼續侃侃而談：「**這個上帝和自然界一樣，它本身的運動不因為外界的變化而變化，也就是說，它的一切活動都起因於它自身。**有了原因，於是這個世界開始運動，並持續不斷的因果輪迴，造成了這個世界不斷的運動。因此**上帝的本質，就是最開始一切**

事物的原因，即自然界開始運動的原因。」

「難道上帝和自然界沒有區別嗎？你這個可怕的無神論者。」教士們大叫起來。

「基本上，上帝和自然界還是有區別的。」史賓諾沙頓了一頓，好似在整理著自己的思路，因為之前他並沒有時間好好思考過這個問題。

「上帝具有主詞的意義，而自然界只具有賓詞的意義。因為上帝這個存在物，如果不具有和自然界、人不同的個性、特點和屬性，那麼祂就完全是一個多餘的存在物。」

教士們譁然，他們為之奉獻一生的上帝，在史賓諾沙看來竟然是多餘的，甚至連史賓諾沙都不敢相信自己，他直接否定了上帝的存在，他從來不認為自己是個無神論者啊。

「我要求判他流放。」、「我要求判他死刑。」……教士們的聲音此起彼伏，都要求立刻懲罰這個褻瀆上帝的傢伙。

「好了，我沒法和你們繼續浪費時間了，你們愛怎麼樣就怎麼樣吧。」史賓諾沙迅速離開了法庭，因為他必須立刻將他剛才的發言記錄下來。

他相信，他已經發現了這個世界的真諦，他甚至可以彌補笛卡兒「心物二元論」而造成的心物隔閡，以致笛卡兒不得不借助上帝這個神祕的存在來解釋。現在，史賓諾沙確定自己已經找到了這個關鍵，那就是：這個世界存在的確定性。世界的存在無始無終，脫離了時間的綿延。這個意義下，實體是永恆，只能被設想為存在。

別用努力感動自己

- 巴魯赫．史賓諾沙（一六三二年至一六七七年），西方近代哲學史重要的理性主義者，試圖彌合笛卡兒心物二元理論的缺陷，提出了上帝的新定義。他是與笛卡兒和萊布尼茲齊名的偉大哲學家和科學家。
- 史賓諾沙認為，如果人們能夠體認到萬物皆為一體，每件事的發生都有其必然性，我們就能以一種全然接納的觀點，來理解世間的事物。如此，就能獲得真正的幸福與滿足。

你所困惑的人生難題，哲學家這樣解答

- 對於關於人類的事物，不要笑、不要哭、不要生氣，要理解。
- 如果你希望現在與過去不同，請研究過去。
- 如果你不想做，會找一個藉口；如果你想做，會找一個方法。
- 最大的驕傲與最大的自卑，都代表心靈的軟弱無力。

15 世上沒有兩片完全相同的樹葉

——德國哲學家、數學家萊布尼茲

萊布尼茲（Gottfried Leibniz）是個天才。這句話放在任何一個情況下都能成立。普魯士腓特烈大帝（Friedrich II）稱讚他是「一所科學院」。德國哲學家費爾巴哈（Ludwig Feuerbach）則稱他是一個全才：「通常，人們只擁有一種或兩種天賦，可是，萊布尼茲卻集各式各樣的天才於一身——他既具有抽象數學家的概念，又具有實踐數學家的特性；既有詩人的感性，又有科學家的精神；既有史學家的才能，又有發明家的創意。

他的記憶力很好，從來不必耗費精力去重讀他過去記下的東西；他有植物學家和解剖學家顯微鏡似的眼睛，也有高瞻遠矚的目光；他有學者的忍耐性和敏銳感，也具有依靠自學、獨立思考、追根究柢的研究者堅韌力和勇氣。」

有次，當小萊布尼茲去一位神父家時，那位神父久仰萊布尼茲的神童大名，便想看看萊布尼茲究竟有多聰明。於是他將萊布尼茲帶進了書房，萊布尼茲面對著那從未見過的藏書，開心極了，順手就拿了一本拉丁文的詩集，入迷的看了起來。

神父驚訝極了，他問萊布尼茲：「你能看懂拉丁文嗎？」要知道那時的萊布尼茲還沒到上學的年齡。

萊布尼茲很輕鬆的回答：「當然看得懂，我在家看的就是拉丁詩集。」

神父大為驚嘆，不過他還不想就這麼罷手，因此對小萊布尼茲說：「那麼好，你先看看這本詩集，等吃完飯後我來考考你，怎麼樣？會有獎勵哦。」

「沒問題。」萊布尼茲很高興的接受了挑戰。

一個上午過去，吃完飯後，神父來到書房，萊布尼茲已經將那本詩集扔在了一邊，正在看其他的書。

神父見此情景，心裡稍微有些懷疑，不過他沒有表現出來。他問萊布尼茲：「你看完這本詩集了嗎？」

「早看完了。」萊布尼茲頭也不抬的說。

「那好，我們來玩個小遊戲。我隨意的指出其中的一段，然後你把它默寫下來。」

「隨便你指哪一段。」萊布尼茲藝高人膽大，一點都不慌張。

「那麼，第三章第三段的第三行。」神父隨口說道。萊布尼茲迅速在紙上寫了出來，神父一對照，大驚失色，竟然完全無誤。

「第四章第四段第四行……。」

「第五章第五段第五行……。」

「第六章第六段……。」

「第七章……。」

「神父。」萊布尼茲開口了，「您還是別忙了，索性我把整本詩集都默寫出來吧。」

「你可以把整本詩集都默寫出來嗎？哦，這不可能！」神父似乎遭受了太大的打擊了。

萊布尼茲也不理他，直接在紙上將一本詩集，共三百行都寫了出來。神父不敢相信的從頭到尾挨個詞對照，發現竟然一字不差。

「你真是個天才。」這個形容詞萊布尼茲早已聽了不知道多少遍，所以他一點也不激動，倒是對獎勵非常在意。

「神父，您要獎勵我什麼呢？」

「你想要什麼呢？」神父已經恢復了平靜，慈祥的問道

「我要什麼都可以嗎？」萊布尼茲眼睛一亮。

「當然可以，只要你要，只要我有。」

「那我要那兩本維吉爾（Virgil）的書。」萊布尼茲頗有心機，早看好了那兩本夢寐以

求的書，維吉爾可是古羅馬最偉大的詩人之一。

「好吧，你拿去。」神父從書架上拿下兩本書，遞給萊布尼茲。

「不過你要注意，這兩本是禁書，不能讓別人知道你在看這兩本書，明白嗎？」

「明白。」萊布尼茲抱著兩本書，用力的點頭。

單子論——世界上沒有兩片完全相同的樹葉

有天，普魯士王后索菲．夏洛特（Sophia Charlotte）邀請萊布尼茲到她的花園裡參觀。他在普魯士王后還是漢諾威郡主時，就已經是她的好友了。

萊布尼茲來到海恩豪森王家花園時，另一位客人培爾爵士已經在花園裡了。索菲王后看到萊布尼茲，立即高興的走了出來。

「啊，萊布尼茲，你終於來了。」王后忙著將萊布尼茲請了進去。「是的，郡主。」雖然索菲已經嫁人做了王后，但萊布尼茲還是習慣用郡主的稱號。

主客坐定後，索菲王后率先發問了：「聽說你現在正在研究單子論（按：萊布尼茲定義單子〔Monade〕是一切事物最根本的元素，不可再分割；單子不具備一般物理粒子在時間、空間上的延展性，是一種抽象存在，形而上的粒子），是嗎？」

「是的。」萊布尼茲起身答道。

「那一定是個偉大的學說。」索菲衷心的讚嘆：「能和我們聊聊你的理論嗎？」

「當然可以。」萊布尼茲點頭道：「你們請先看看這個花園，兩位能告訴我這花園裡有什麼嗎？」

「有花有草，還有小鳥與小狗。」王后回答。

「還有泥土、樹木、光和空氣。」培爾爵士說道。

萊布尼茲笑著說：「不錯，但是在我們看不到的地方，還有更多的東西，比如結網的蜘蛛、在地下鑽洞的老鼠、樹木上的蟲子……僅在這個花園裡就有如此多的東西，而且它們都是不一樣的，對吧？」萊布尼茲問索菲和培爾。

「是的。」索菲王后點頭道。

「您看，僅這一個小花園，我們就可以找出如此多不同的東西，正是這些完全不同的東西組成了花園這個整體，那麼您再想想看，又是什麼東西組成了大樹呢？」萊布尼茲問王后。

「樹根、樹幹、樹枝和樹葉。」索菲王后毫不遲疑的回答。

「是的，一棵大樹是靠樹根、樹幹、樹枝和樹葉組成，那麼，這些樹根、樹幹、樹枝和樹葉呢，又是由什麼組成的呢？」萊布尼茲繼續問下去。

索菲王后有點遲疑：「這個……」

這時，萊布尼茲站了起來，一邊揮舞著手臂，一邊說：「現在請你們試著理解，**這個世界是由一種最基本的粒子所構成，那就是『單子』**。這個世界是客觀存在的，因此這個世界是確定無疑的，它是由客觀物質所組成，我將這種粒子命名為單子。因為組成這個世界的物質有各式各樣，因此我設想這種**單子也是各具自己的性質和屬性，沒有單子是相同的，如此它們才能構成這個完全色彩繽紛的大千世界。**」

「您說沒有單子是相同的？」培爾爵士這時又插話了。

「是的。」

「那麼按照您的理論，這個園子裡的樹葉，難道就沒有兩片是相同的嗎？」培爾爵士問道。

「絕對沒有。」萊布尼茲信心十足的回答。

「不如我們來找找看吧。」久未發話的女主人索菲王后，興致勃勃的拉著兩位客人走進了花園。他們精心挑選了兩片看起來頗為相似的樹葉，可是經過仔細比較之後，王后喪氣的發現那兩片看起來差不多的葉子，其實有著巨大的差別。但她不死心，又找了兩片，還是不同。最後，王后著急了，她一聲令下，命那些隨同的侍衛都去找樹葉。

忙活了一個下午，侍衛們找了無數片葉子，可惜經過比較之後，那些看起來差不多的葉子或多或少都是有差別的。

萊布尼茲笑著說：「我尊貴的王后啊，您還是不用找了，您已經差不多把這個花園的樹葉都給摘光了。現在您相信這個花園裡沒有兩片相同的葉子了吧？」

「我就不相信了，等我向全國發出通告，讓他們去找兩片相同的葉子來給你看看。」王后氣呼呼的說道。

「不用麻煩了。」萊布尼茲笑著說：「先不說您能不能找到兩片相同的葉子，就算您能找到看起來相同的兩片葉子，它們在更小的層面上也未必會相同的，就像我們不能區分螞蟻之間的差別一樣，但是螞蟻確實存在差別。所以**就算是看起來相同的兩片葉子，當它們深入到單子層面時，也不可能是完全相同的，**總會有一定的差異存在。**這些差異，就是單子構成我們這個世界萬千氣象的原因啊！**

「所以，這個世界上絕對不存在兩片完全相同的樹葉。」

哲學家百科

- 哥特佛萊德．威廉．萊布尼茲（一六四六年至一七一六年），德國哲學家、數學家，他的專長包括數學、歷史、語言、生物、地質、機械、物理、法律、外交等領域，是歷史上少見的通才，被譽為「十七世紀的亞里斯多德」。
- 他認為所有事物都是精神性的存在物，物質只是最低強度的精神。他的單子論主張單子是一切事物最根本的元素，不可再分割，它們是獨立、活躍的，並受其自身定律的約束。

你所困惑的人生難題，哲學家這樣解答

- 世上沒有兩片完全相同的樹葉。
- 愛就是為另一個人的幸福感到高興。
- 世界上只有兩件事值得我們操心：德行和健康。

16

如果這件事不為人知，它們就完全不存在

——英國哲學家，愛爾蘭主教喬治·柏克萊

雖然喬治·柏克萊（George Berkeley）主教在歷史上，是以神學的堅定捍衛者而聞名，但在他的備忘錄裡，曾經記載過這樣一段話：「我八歲時是不信神的，比較傾向於那些新學說。」

「不信神的」這四個字，代替了已經被畫掉的「懷疑神的」一詞。另一句話則是：「從我童年起，我就發生過無數次這樣的思想轉變。」

時至今日，我們已經不能確切知道那時候究竟發生了什麼事情，使得一開始並不信仰神的柏克萊，日後變得無比虔誠。

三十七歲那年，柏克萊讀完神學院，並發表了他的哲學論文，之後他許下了一個宏大的願望：在百慕達設立一座神學院，教導新大陸的印第安人和種植園主。

他本打算將下半生都虔誠奉獻在這個事業上面，為此他奔波了九年，甚至成功說服議會通過撥款，準備踏上新大陸實現自己的教育抱負。

可惜那筆款項遲遲不到位，柏克萊最後不得不離開百慕達，而將自己募集來的物資都捐給了新大陸的大學（按：美國加州的柏克萊市便是以他的名字命名；耶魯大學也有一個學院是以他命名）。

之後，他在王儲威爾士親王的幫助下，當上了愛爾蘭科克郡地區的主教，並在其位一直到去世。

先有概念，是感知的第一步

自從柏克萊發表了《視覺新論》（*An Essay Towards a New Theory of Vision*）之後，他的信箱裡就塞滿了抗議者的信件。有人甚至給他寄了一首打油詩，詩上寫道：

上帝一定覺得很稀奇，
假如祂發覺這棵樹存在如故，

那時候卻誰也沒在中庭裡。
您的驚訝真稀奇，
我們時時在中庭裡，
這就是為何那棵樹，
會存在如故，
因為注視著它的，
是您忠實的上帝。

於是柏克萊決定開一場演講來闡明他的思想，他接受當時倫敦貴婦們的邀請，決定從那裡開始他的征程。他來到了沙龍所在地，此時那些女士們都已經在場了。她們看到了柏克萊主教，紛紛圍上來，希望聽到他關於上帝的布道，誰知柏克萊卻說：「我今天不打算布道，我想做的是關於上帝存在的演講。」夫人們紛紛鼓掌表示贊同，因為她們都是基督徒。

「在說到上帝之前，請看這顆櫻桃。」柏克萊從水果中拿起一顆櫻桃，繞場展示一圈之後，回到了原來的位置上，「現在你們看看，這顆櫻桃怎麼樣？」

「它肯定很甜。」有位夫人笑著說。

「也許，在我們嘗過它以後，我們就可以判定它是不是甜的。還有嗎？」柏克萊繼續問道。

「它是紅色的。」又一位夫人說了出來。

「是的，如果撇開那些白色部分不算的話。」柏克萊點頭，「繼續。」

「它是圓的。」有位夫人遲疑著道。

「是的，它是圓的，儘管不是嚴格的正圓形。」柏克萊道：「好了，到此為止，妳們說了關於這顆櫻桃的三個屬性：紅的、圓的、甜的。請大家想想看，還有什麼東西也是紅的、圓的，又是甜的呢？」

「蘋果。」

「糖果。」

「紅葡萄。」

「是的，妳們提出的這些東西，它們都符合紅的、圓的、甜的這三個屬性。」柏克萊搖著手說：「那麼，究竟櫻桃的概念是否存在？」

夫人們鴉雀無聲，因為她們不知道該如何證明櫻桃是存在的。這時柏克萊一口將那櫻桃吃進了肚子，說道：「現在妳們想像一下，這顆櫻桃是否還存在呢？」

「它已經被你吞進了肚子，如何還能存在？」有位夫人高聲叫道。

「但是妳們內心是否還能形容出櫻桃的樣子？」柏克萊反問。

「是的。」夫人們點頭。

「那麼，是什麼可以讓妳們在沒有櫻桃的情況下，還能產生櫻桃的概念呢？」柏克萊環顧一周，繼續道：「是上帝。是上帝將櫻桃的概念放進了我們心裡，所以我們擁有了櫻桃的概念，便可以憑藉這個概念去尋找櫻桃。**如果沒有這個概念，就算這個物體存在，我們也不會發現它就是櫻桃**，不是嗎？」

「所以，只有當我們擁有了上帝賦予的概念之後，再透過尋找感知，找到相關的物質，才會存在。就像這顆櫻桃，如果沒有被感知，它就不存在。無論是它的甜味、它的形狀，還是它的顏色。如果沒有被我們感知，它是不是還是甜的，它是不是還是紅色的？也許在我們之外看來，它是灰色的，它是不甜甚至苦的，那麼它的那些屬性還能存在嗎？顯然它就不存在那些屬性，因此它也就不是櫻桃，這顆櫻桃也就不存在了。」

「那您的意思究竟是……」有位夫人實在忍不住了。

「我的意思是，這個**世界上的物質是確實存在的，但是它卻必須在被『感知』之後才算存在**。就像櫻桃，它確實以物質的形式出現我們眼前，但是只有當它被我們感知到時，櫻桃才真實存在。而櫻桃這個概念，則是上帝放進我們心中的。所以當我們對世界上任何事物都有概念，並且可以感知時，萬能的上帝將無處不在。」

哲學家百科

- 喬治．柏克萊（一六八五年至一七五三年），英國哲學家、愛爾蘭主教。與約翰．洛克（John Locke）、大衛．休謨（David Hume）並稱為英國經驗主義的代表人物。
- 他用「聯想」，來解釋人們關於現實世界事物的知識。世間的萬物在人心以外，都並不獨立存在，它們的存在就在於它們為人心所知覺、所認識。如果它們不真的為人所知覺，它們就完全不存在。

你所困惑的人生難題，哲學家這樣解答

- 愚蠢的人類總是以為物以稀為貴，然而，上帝總是把最有用的東西，造得極為普通。
- 存在就是被感知。
- 當我閉上眼時，世界上所有的懸崖都不存在了。

第三部

關於欲望，
我該怎麼控制又該怎麼選擇

17 我們不能從「是」，推論出「應該」

——「懷疑主義」論者，蘇格蘭哲學家大衛・休謨

巴黎的消費水準很高，當哲學家大衛・休謨發現自己的生活費將告竭之後，他非常苦惱，儘管平時是一個無憂無慮的樂天派，此時也陷入了空前的絕望當中。

這時他的一個朋友走了過來，他看到了休謨一臉的愁雲慘霧，於是問：「你怎麼了？看你的臉色很不好。」

「沒事，我只是在生氣而已。」休謨回答。

「誰惹你生氣了？難道他不知道你人很好嗎？」那位朋友義憤填膺。

「不是其他人，我是在生我自己的氣。」

「你為什麼要生自己的氣呢？」那位朋友大感疑惑。

「不是。」休謨考慮著要不要把自己的糗事說出去，不過他是個藏不住話的人，因此

從頭到尾都說了出來：「我寫的《人性論》（*A Treatise of Human Nature*）出版了。」

「那是好事啊。」這位朋友興奮的鼓掌。

「但是沒賣出去。」休謨潑了一盆涼水，「而且是一本都沒有。」休謨將涼水換成了冰水。

「喔。」這位朋友不知道該說什麼了。任何人看到自己的心血不被重視，都會憤怒的。

「這該怎麼說呢，」那位朋友思考了一會才接著說：「也許是因為你名氣不夠大吧。」

「是這樣嗎？難道不是因為我的書不好？」休謨反問道。

「你既然敢把書拿去出版，怎麼能認為自己的書不好呢？」那位朋友點頭說：「肯定是因為你的名氣太小，所以才沒有人關注這樣一本偉大哲學著作的誕生。你的當務之急就是壯大自己的名聲。」

「我要怎麼做才能擁有名聲？」休謨滿懷期望的問。

「既然你的文筆那麼好，不如去寫散文吧。」那位朋友出了個主意。

「好，那我就先讓更多人認識我之後，再寫哲學的書。」休謨做了決定，「不過，你能不能幫我一個忙？」

「什麼忙？」那位朋友有不好的預感，「先說好，要求不能太過分啊。」

「你也知道，出書不便宜，巴黎的消費水準又那麼高，現在我身無分文，你能不能先借我些錢，等我的書大賣之後，我一定會還你的……我還沒說完呢，你別走啊，大不了我把我祖傳的寶劍抵押給你！」

打雷後肯定會下雨？因果論的問題在於缺乏思考

因果論成為世界通識時，休謨也發現，在哪怕是最小最久遠最基本的問題，哲學家都能爭吵半天，因此休謨決定尋找一種確定真理的方法。所以他對那些被人們普遍認同的理論提出了疑問。

休謨認為最典型的因果論，完全是人們心理聯想的結果。例如當你看見打雷閃電時，你不能確定接下來肯定會下雨。你認為打雷閃電之後肯定會下雨，只是因為你以前看多了這種情景，所以你將打雷閃電和下雨聯繫到了一起。

而實際上，打雷閃電和下雨並沒有必然的聯繫。因此休謨認為：「雖然我們能觀察到一件事物伴隨著另一件事物而來，但我們並不能觀察到任何兩件事物之間的關聯。」他說道：「**我們只能夠相信，那些根據我們觀察所得到的事實。**」

休謨主張，我們對於因果的概念，只不過是我們期待一件事物伴隨另一件事物而來的想法罷了。

「我們無從得知因果之間的關係，只能發現某些事物總是會連結在一起，而這些事物在過去的經驗裡，又是從不曾分開過的。我們並不能看透連結這些事物背後的原因為何，我們只能觀察到這些事物本身，並且發現這些事物總是透過一種經常性的連結，而被我們在想像中歸類。也因此，**我們不能說一件事物造就了另一件事物，我們所知道的只是一件事物跟另一件事物可能有所關聯。**」

對於歸納問題，休謨也提出了自己的看法。休謨主張所有人類的思考活動都可以分為兩種：追求「觀念的連結」與「實際的真相」。前者牽涉到的是抽象的邏輯概念與數學，並且以直覺和邏輯演繹為主；後者則是以研究現實世界的情況為主。

而為了避免被我們所不知道的任何實際真相，或在我們過去經驗中不曾察覺之事實的影響，我們必須使用歸納思考。

歸納思考的原則在於：「假設我們過去的行動可以作為未來行動的可靠指標」。但是根據因果論有的矛盾：「過去所得到的經驗，不能確定其中必然的聯繫，因此那些經驗又是無用的」。

於是休謨提出了使他被稱為「不可知論者」（按：一種哲學觀點，認為形上學的一些問題，例如是否有來世、鬼神、天主是否存在等，是不為人知或者根本無法知道的想法或理論）的問題：「明天，太陽還會從東方升起嗎？」

哲學家百科

- 大衛·休謨（一七一一年至一七七六年），蘇格蘭哲學家，承接洛克和柏克萊，是英國經驗主義的代表人物。歷史學家們一般會將休謨的哲學，歸類為徹底的「懷疑主義」。
- 他主張人類（以及其他動物）都有一種信賴因果關係的本能，他的目的是解答我們對於因果連結的認知是從何而來？而我們又能認知到怎麼樣的連結？

你所困惑的人生難題，哲學家這樣解答

- 我們不能從「是」推導出應該。
- 我們只能夠相信，那些根據我們觀察所得到的事實。
- 明智的人根據證據的多少來確定信仰的深淺。

18 世上什麼東西最長，又最短？

——法蘭西斯思想之父，啟蒙哲學家伏爾泰

在一七二五年十二月的某一天，法國哲學家伏爾泰（Voltaire）與戲劇演員勒庫弗勒（Adrienne Lecouvreur）小姐一起坐在歌劇院的包廂裡，他像平常一樣和一群朋友高談闊論，這時法國最有權勢的貴族家庭的成員羅昂騎士（Guy Auguste de Rohan-Chabot）走了過來。

羅昂早就對平民出身的伏爾泰在社會上受到尊敬憤憤不平，並且他也在追求勒庫弗勒小姐，他當眾傲慢的問伏爾泰：「伏爾泰先生，你的姓氏到底是什麼？」羅昂想以這樣的方式羞辱社會地位低下的伏爾泰，可是伏爾泰沒有回答他，繼續與朋友交談。

羅昂更加憤怒了，他蠻橫的喊道：「你聽到我的話了嗎？我要知道你的姓氏！」

伏爾泰譏諷的回答：「騎士先生，我的姓氏低微，但我至少給它帶來了榮耀，而騎士先生您正在踐踏自己家族的姓氏。」

羅昂騎士是羅昂公爵唯一的孫子，怎能容忍這個小小的平民頂撞自己？於是雙方按劍，怒目相視。勒庫弗勒小姐趕緊站在他們中間保護伏爾泰，隨後羅昂騎士面紅耳赤的走出了歌劇院。

第二天，伏爾泰正在旭麗府邸（Hôtel de Sully）吃飯，一個男僕聲稱有人在門口找他，要他出去。伏爾泰走到街上，只見一輛馬車停在那，他正在好奇的尋找要見他的人時，兩個流氓突然衝了出來，用木棍狠狠揍了他一頓。

兩個流氓是羅昂騎士僱來教訓伏爾泰的，當時羅昂自己正坐在馬車上欣賞著伏爾泰狼狽挨打的樣子。他邊看邊對兩個流氓進行指揮，譏笑道：「不要打他的腦袋，它會創造出好東西來。」伏爾泰只好狼狽的逃回餐廳訴說他的遭遇，要求朋友陪他去告發這樁罪行。

但他的朋友不想得罪這個最有權勢的家族，拒絕了伏爾泰的要求，只安慰了幾句。伏爾泰轉而求助於其他貴族朋友，均未得到答覆。

伏爾泰試圖上訴法庭，但審判的巨輪不會因他控告一名權貴人士而轉動。受到欺辱而控告無門，這時伏爾泰才知道，他的平民身分永遠不能與貴族平等，他在貴族眼裡不過是一個受僱於人的演藝者罷了。

他復仇心切，悄悄結交了一些下層社會人士，並且跟著一個武術教師學習擊劍，準備與羅昂決鬥。羅昂雖然是官銜很高的軍人，但他害怕伏爾泰的劍法像他的嘴一樣靈巧，不敢與之決鬥，於是向國王打伏爾泰的小報告，舉報伏爾泰反叛的言論和危害治安的行為，建議把伏爾泰關入監獄。

一七二六年，國王簽署命令把伏爾泰再次關進了巴士底監獄（按：第一次因寫作諷刺宮廷之詩，而被關押十一個月）。這次，他只在監獄吃了幾天的免費食物。他意識到自己無力對抗強大的敵人，只得向國務大臣申請被驅逐出法國，流亡英國。

同年五月，他被押送到法國北部的城市加萊，幾天後渡過加萊海峽到達英格蘭。這年夏天，他曾悄悄返回巴黎找羅昂報仇，但沒有成功。

羅昂事件是伏爾泰人生旅程的一個重要轉捩點，這件事既是伏爾泰一生中蒙受的最大恥辱，卻也是最大的恩惠。因為他被迫流亡到英國後，英國的自然神論、唯物主義經驗論，自由平等的政治思想、先進的資產階級政治制度以及牛頓（Isaac Newton）的科學理論，使他的思想發生了劇變。這時的伏爾泰才體會到什麼叫社會的瘋狂和偏狹、政治的昏暗和階級的可惡。

不婚主義帶來的幫助

伏爾泰一生不曾結婚，但身邊從沒有少過情人。從十九歲開始，他身邊的情人就接連不斷。雖然他常常遭到迫害，但他的才華、財富，吸引了不少貴婦。

伏爾泰一直沉醉於情婦們的樂趣之中，這在哲學家裡是很少見的。然而，伏爾泰不僅僅是哲學家，他也是歷史學家、社會活動家，他百科全書式的學識、轟轟烈烈的社會活動使他對情感的態度更開放，當時的社會風氣也是如此。

在眾多情人中，對伏爾泰幫助最大、影響最大的是沙特萊侯爵夫人（Marquise Du Châtelet），他們的關係也最長久。侯爵夫人在出嫁前叫埃米莉（Émilie），是個有名的才女，據說她的拉丁文說得像西塞羅一樣流利，數學演算可與歐幾里得（Eculid）相媲美。她既風流，又有哲學家的氣質，熱愛打扮，喜歡唱歌和跳舞，在男女交往上同當時的法國女子一樣開放。

埃米莉在婚前就見過伏爾泰，當時他還只是一個稍有名氣的年輕人，兩人曾有不多的書信往來。後來她對享有盛名的伏爾泰愛慕至極，央求一位朋友帶她來見伏爾泰。當她們來到伏爾泰的住所時，她大膽而從容的投入伏爾泰的懷抱，摟住他的脖子，熱烈吻著他。第二天，伏爾泰就給她寫了情書。他之所以這麼做，不僅僅是肉體和情欲的渴望，更重要的是思想和精神上的需求。

自伏爾泰從英國回來，他深受牛頓的科學發現和哲學家洛克影響，一天到晚嘴裡都掛著這兩個人的名字。可是當時的巴黎很少有人能和他討論這些問題，只有埃米莉例外，她不僅具有出色的科學頭腦，能理解他所談論的一切，而且相信他的觀點。

伏爾泰對自己能有這樣一位既有較高社會地位，又有科學頭腦和進步思想的情婦也非常滿意。然而，一場意外事件，促使伏爾泰更快投入到了埃米莉的懷抱。

當他的《哲學通信》（*Lettres Philosophiques*）出版後，被巴黎高等法院列為禁書，他作為該書的作者，在巴黎無處藏身，於是投奔埃米莉。

埃米莉的丈夫沙特萊侯爵，在法國東北部香檳省有一處宅邸，伏爾泰很喜歡這個地方，它距比利時邊境很近，一有風吹草動，逃到國外也很方便。

沙特萊侯爵豁達大度，對妻子移情別戀毫不介意，同意把別墅供伏爾泰和埃米莉使用。當時法國的風俗准許已婚的女子擁有情人，於是，當侯爵夫人不僅選了一個情人，而且還是一個天才之後，全法國都原諒了她。

伏爾泰和埃米莉像夫妻一樣生活在一起，白天他們分別在自己的房間，一個賦詩，一個演算幾何；一個潛心自己的寫作，一個專心致志做實驗。大廳裡堆放著數學、物理、化學、天文學等方面的書籍和儀器。晚飯後，他們一起喝咖啡，然後各自工作，直到深夜再一起休息。

沙特萊侯爵非但不憎恨伏爾泰，反而對這位傑出作家非常尊敬，視為好友。有時他也會去到別墅，看望妻子和他的情人，從不干擾他們的事情。

「當時」誰也不會重視，「過後」人人都在惋惜

伏爾泰說話很幽默，他也常常用一些奇特的方法，來給啟發人們的思想。猜謎就是他常用的一種思想教育的方法。

有次，他給一群年輕人出了一道謎語：「世界上有什麼東西是最長，又是最短的；它是最快，又是最慢的；它是最能分割，又是最廣大的；它是最不受人們重視的，可是又是使人不斷惋惜的？沒有它，人類一切都不成，它使一切渺小的東西歸於消滅，使一切偉大的東西永遠存在。」

「這不是自相矛盾嗎？」這群年輕人覺得伏爾泰的謎語有點奇怪，一時間議論紛紛。

「也許是水吧？」一個青年說：「水可以說是最長，也可以說是最短的。因為一滴水顯然是短的，可如果是一條河流，它顯然是長的。水可以流得很快，也可以流得很慢，甚至完全可以靜止不動。水可以分割成一杯一杯的，也可以像海洋那樣廣大。人們認為水最不值錢，所以它是最不受人們重視的，可是如果水白白浪費掉，不也是非常可惜的嗎？沒有水，人類的一切當然都做不成。」

「對，肯定是水了！」大家高興的說。

「可是，水怎麼使一切渺小的東西歸於消滅，使一切偉大的東西永遠存在呢？」伏爾泰笑著問。

「這個……」這群年輕人再次陷入了迷茫，他們又想了一些答案，但怎麼也不對。「還是您來說吧，我們怎麼也想不出來。」

「好吧，我來告訴你們吧，答案是『時間』。」伏爾泰笑著說。

「這是為什麼啊？」

「**時間最長，因為它永無止境；時間最短，因為所有人的人生計畫都來不及完成**。對於盡興作樂的人來說，時間很快；對於正在等待的人來說，時間很慢。時間可以無盡的分割，又可以無限擴展，所以它同時也是最廣大的。『當時』誰也不會重視，可是『過後』誰都會為自己浪費時間而惋惜。沒有時間，人類當然什麼事情都做不成。不值得後世紀念的一切渺小的東西，必然隨著時間的流逝而歸於消滅；可一切偉大的東西，卻可以永垂不朽，即使隨時間流逝，仍然保持著它的青春活力。」伏爾泰逐條逐句的向年輕人分析著時間的特性。

最後，伏爾泰語重心長的說：「時間對於我們每個人來說是如此重要，因此我們每個人都要珍惜。」

我不同意你說的話，但我會用生命捍衛你說話的權利

伏爾泰是一個很有耐心的人，在和別人談話時，一般不會輕易打斷別人，即使講話的是一個非常嘮叨的人，他也從不表現出厭煩的情緒。

一次，有個人向他論證「咖啡是慢性毒藥」的問題。可是那個人一說起來就沒完，足足講了一個小時。伏爾泰雖然還有很多工作，但還是非常耐心聽完了他的話。

那人看到伏爾泰那麼專心聽他講話，以為伏爾泰已經同意了他的觀點，因此非常高興的向他道謝。

可伏爾泰卻說：「我並不贊同你剛才所說的話，我就經常喝咖啡，而且一天要喝好多杯，至今已經喝了足足六十五年。我的身體依然很健康，並沒有死。而且我也特別喜歡在咖啡廳發表演講，我的第一次演講就是在咖啡廳裡進行的。因此，從某種程度上說，我的存在本身就是對你論點最有力的反駁。我不同意你說的每一個字，但我會用生命來捍衛你說話的權利。」

（按：此語出自《伏爾泰的朋友們》（*The Friends of Voltaire*）一書，是作者伊夫林．霍爾（Evelyn Beatrice Hall）歸納伏爾泰的思想後寫出，並非直接出自伏爾泰之口。）

後來伏爾泰在寫作《論寬容》（*Traité sur la tolérance*）一書時，把它改寫為這樣一句話：「為你們自己著想，同時也應該讓其他人享有和你們同等的權利。」

哲學家百科

- 伏爾泰（一六九四年至一七七八年），法國著名啟蒙哲學家、思想家、作家。因反對宗教和貴族，兩次被關進巴士底監獄，兩次被放逐。法國作家雨果（Victor Hugo）曾說：「伏爾泰的名字代表的不是一個人，而是整整一個時代。」
- 他以捍衛公民自由、信仰自由和司法公正而聞名。儘管在他所處的時代審查制度十分嚴厲，伏爾泰仍然公開支持社會改革，常常抨擊天主教教會的教條，以及當時的法國教育制度。

你所困惑的人生難題，哲學家這樣解答：

- 時間最長，因為它永無止境；時間最短，因為所有人的人生計畫都來不及完成。
- 沒有所謂運氣這回事。一切無非是考驗、懲罰或補償。
- 使人疲憊的不是遠方的高山，而是鞋子裡的一粒沙。
- 對著困難搖頭，就無權在勝利面前點頭微笑。
- 妄自尊大只不過是無知的假面具。

19

情慾讓人活著，也會置人於死地

——法國啟蒙思想家盧梭

一七一二年六月二十八日，盧梭出生在日內瓦一個鐘錶匠家庭，母親在他出生後九天就去世，每次和父親提起母親，父子兩人都會大哭一場。

在他十歲那年，父親因為打傷貴族而不得不遠走他鄉，他被託付給姨媽照管，姨媽送他到一位雕刻家那裡學藝。十六歲時，盧梭毫無預兆的離開了日內瓦。

他曾經兩次因為貪玩被關在城門外面，師父警告他，如果這種事再發生一次，將嚴厲處罰他。所以當他又一次被關在城門外時，便決定遠走高飛。

一七六二年，盧梭受到政治迫害，輾轉逃到英國，受到休謨的熱情接待。可是不久，他竟然懷疑休謨也參與了迫害他的陰謀，斷絕了與休謨的友誼，並且逃回了法國。

人們懷疑他已經患上了嚴重的被害妄想症。休謨曾經這樣描述過盧梭：「他太敏感了，經不起一點傷害，我簡直沒有辦法說明。他就像一個連皮都被扒光的人，任何粗暴或不小心的舉動都會讓他跳起來。」

盧梭死後被葬在了一個非常浪漫的湖中小島——楊樹島，這個島因為長滿楊樹而得名。盧梭死後的聲譽，遠遠超過他還活著的時候，因而盧梭之墓很快成為人們前來朝拜的聖地。

他生前一直蔑視的王公貴族，很多也從巴黎來到這向他表示尊敬，但他們不是來紀念鼓吹革命和宣揚平等的預言家，而是來紀念多愁善感、才華橫溢的作家。

有個年輕的崇拜者甚至到島上自殺，希望被埋在偶像的旁邊。十九世紀最著名的浪漫主義詩人拜倫（George Gordon Byron）也曾寫詩讚美盧梭：

> 他的愛是激情的本質——就像樹，
> 由於閃電的襲擊燃燒出熊熊的火焰。
> 激情迸發，因為在他看來，這就是愛。
> 在他身上洋溢著豐富的思想，就像他激情的文字一樣。

盧梭曾到一個的貴婦人家做僕人。有天，他漫不經心的在屋子裡閒晃，突然看見一條銀白色和玫瑰色相間的絲帶，一看就知道是管家侄女的。

也許是由於未多加考慮，或者是由於他想從屋子裡拿走一點東西以彌補他的遭遇，他便順手牽羊，偷走了那條絲帶。絲帶本是一件不值錢的小玩意，沒想到人們卻到處尋找，最後在他的身上找到了。

盧梭嚇得手足無措，結結巴巴說不出話。然後他便誣陷是另一個女僕送給他的，這個女僕堅決否認，並懇請盧梭良心發現主動坦白，可是一點作用都沒有，他仍然指控是女僕做的。困惑的主人最後把他們兩人都辭退了。

這件事像一塊燒紅的烙鐵一樣燙著盧梭的心，他一直把這件事藏在心裡，沒有對任何人說過。直到後來在他的自傳《懺悔錄》（*Les Confessions*）中，才承認自己的罪行，他聲稱：「世上沒有比我指控一個無辜可憐的女孩子，更可惡的事情了」。

但是他也給了自己一個理由，他說他誣陷那個可憐的女孩，是因為喜歡她：「我把自己做的事情說成是她做的，原因是我本來是想把絲帶偷來送給她。」

利用卑微之人減輕自卑感

盧梭離開日內瓦後，被一位天主教神父介紹給華倫夫人（Françoise-Louise de Warens），這個二十九歲的貴婦給了他庇護和關愛，安排他去修道院接受教育，還為他謀職。盧梭自稱，在華倫夫人那裡度過了一生中最快樂的時光。盧梭稱華倫夫人為媽媽，二十一歲時上了她的床，此後十分滿足的與這個豐滿的媽媽生活在一起。在不為夫人服務時，他就努力讀書，進一步開發自己的音樂才華。

盧梭甚至願意和華倫先生分享愛情，他們三人的關係維持了很長時間，後來隨著華倫先生的死亡而結束。盧梭失去了他最可靠的朋友，心裡也感到極其悲傷，不過他還是心安理得的穿上了華倫生前常穿的那件黑色上衣，一個人享受夫人的寵愛。

華倫夫人確實把盧梭寵壞了，會買給他新衣服、新奇的東西、鐘錶，還讓他去學跳舞和擊劍。但他還是沉浸在憂鬱的情緒中，他說：「人們常說，寶劍終歸會把劍鞘磨壞。我的情況正是如此，**我的情慾讓我活著，然而我的情慾也終將置我於死地。**」

他渴望愛情，但現在他還沒有心儀的女人，對他來說，媽媽畢竟是媽媽，滿足不了他的情慾。「我雖然有了一個溫柔的媽媽，一個親愛的女友，但我需要的乃是一個情人。我想像有一個女人來代替她，我用千百種方法創造這麼一個情人來自己欺騙自己。當我抱著她時，一想到懷中抱的是我的媽媽，便不得不產生拘謹之心，歡愉之情銳減。儘管我會為得到了溫柔而激動的哭泣，但我並沒有享受到溫柔鄉的快樂。」

然而，他和華倫夫人的關係並沒有天長地久。一七四一年，華倫夫人另結新歡，編了個理由將盧梭支到外地，他在她身邊的位置也被別人占據了。三十歲的盧梭最終決定到巴黎去闖天下，這段長長的浪漫插曲結束了。

一七四五年，盧梭在巴黎遇見泰蕾茲・勒瓦瑟（Marie-Thérèse Levasseur），雖然兩人關係時好時壞，但還算長久。泰蕾茲當時只有十八歲，在旅店、洗衣店幹活，長相很一般。從遺留的畫像上來看，泰蕾茲可以說是醜陋無比，而且不識字，看不懂鐘錶上的時間，舉止粗俗。但是她在敲詐盧梭的時候絕對不傻，只要盧梭身上有錢她就能哄到手。

泰蕾茲究竟有什麼魅力把盧梭迷住呢？也許，正是因為她沒有任何魅力，所以激發了盧梭受虐狂的特性。雖然沒有證據顯示她會虐待盧梭，但是她的卑微卻減輕了盧梭根深蒂固的自卑感。不管在外面發生什麼，他總能在她面前顯示出優越感。

盧梭的客人們也都覺得他總是把泰蕾茲當作女僕，一個被當眾取笑的女僕。一七六八年，他們終於結婚了，不過婚禮由盧梭自己主持，簡直就是一場鬧劇，因為在法國，新教徒和天主教徒之間是不允許結婚的。

他在宴會上高談闊論，說客人們能結識他是多麼幸運，然後失聲痛哭。可憐的泰蕾茲，只準備了幾分鐘的婚禮，就讓她相信他們真的結婚了。

他們一連生了五個孩子，盧梭卻都堅持拋棄不養。在後來的一封信中，他承認：「我生下的五個孩子，都被送到棄嬰堂，後來也根本沒想到要領回來，我甚至沒有保存他們的出生證明。」

盧梭的行為遭到了人們非議，伏爾泰指責他拋棄自己的五個孩子是犯罪，把他們送到棄嬰堂等於把他們丟進死亡的坑道。盧梭為自己的行為辯解，他認為自己沒辦法給予孩子應該享受的父愛，送到別的地方去可能更好。

他拒絕有錢的崇拜者幫助他撫養孩子，他以偏執狂的語調說：「我敢肯定他們長大後會成為憎恨父母，甚至背叛父母的人。」

看見別人滿足而愉悅，才叫幸福

有個年輕人因為找不到幸福感到非常苦惱，他知道盧梭是一個非常有學問的人，於是決定向盧梭請教如何才能獲得幸福。

「請問，幸福到底是什麼？」這個年輕人問盧梭。

「幸福是一種持久運動著的狀態，它不會永遠固定在某一個地方。看看大自然，不也是滄海桑田、瞬息萬變嗎？所以在大千世界中，不存在永恆的事物。我們的周圍，每時每刻都在發生變化，我們自己也在不斷變化。」盧梭回答。

「那麼你的意思是幸福是變化不定的？」這個年輕人反問盧梭。

「難道你能夠斷定今天喜歡的東西，到了明天你仍然會喜歡它嗎？」盧梭反問。

「那倒不一定，有些東西我喜歡的時間長一些，而有些東西我喜歡的時間就會短一些。」這個年輕人根據自己的經驗回答盧梭。

「可是你卻會一直追求你喜歡的東西，對嗎？」盧梭問。

「是的，只要看到我喜歡的東西，我都會想方設法占有它。」這個年輕人坦率的回答。

「所以，幸福也是一種無止境的追求。除非你已經超脫，認為自己已經達到了幸福的極致。生活需要的是一種知足者常樂的明智心態。因此，每個人都要學習從現有的各種事物中，得到心理上的滿足，並且應該好好享受這種滿足所帶來的，哪怕是片刻的樂趣。但是不要指望這片刻的樂趣會永遠停留在你的心裡，因為這同樣是不可能的。」

「但是短暫的幸福，有什麼追求的必要呢？」這個年輕人很不理解的問盧梭。

「真正的幸福的確是難得一見的，或許世界上根本沒有獲得真正幸福的人，可是能夠感到『知足常樂』的人卻是隨處可見。」盧梭把幸福和知足的快樂，這兩個概念嚴格區分開。

「那麼，你感受過幸福嗎？」年輕人想知道盧梭是如何感受幸福的。

「在我的所見所聞中，給我印象最深，也使我感到最愉快的，莫過於看到人們那種自然流露出來的滿足之情了。這種感情是如此強烈的打動著我的心，就彷彿是我自己心靈驅使的必然結果。」盧梭回答時，彷彿沉浸在他曾感受到的幸福之中。

「那麼幸福和滿足有沒有區別呢？」

「幸福不同於滿足，幸福是沒有標籤的。你要知道什麼是幸福，首先必須使自己進入幸福者的內心世界。而滿足則能夠在人們的舉手投足、談笑中表現出來，它可以溢於言表，讓人深受感染，並不由自主投入其中。」盧梭簡要的回答了幸福和滿足之間的區別。

「那麼幸福到底是什麼呢？」年輕人還是很迷惑。

「當你看到周圍的人們滿懷著愉悅的心情，縱情高歌，開懷大笑，把現實生活中所有的陰鬱和不快都拋棄在腦後，帶著一臉的喜悅之情時，你就會感受到生活是多麼美好甜蜜。」盧梭又重複了一遍他對幸福的理解和感受。

「真是不可思議，幸福難道只是『看』別人高興嗎？難道說，別人的幸福就是你的幸福，別人高興你才高興嗎？」年輕人還是沒有理解幸福。

「年輕人，你還是自己回去好好想想吧。」盧梭之後再也沒有做出令這位年輕人滿意的答覆。

哲學家百科

- 尚－雅克·盧梭（一七一二年至一七七八年），法國啟蒙思想家、哲學家、社會學家和文學家。他所論述的人民主權、民主政治、哲學思想影響可見於啟蒙運動、法國大革命，以及現代的政治、哲學和教育思想。
- 他認為一切知識的根源都是邪惡，擁有知識會令人變得自大。他指出，擁有知識之後，人們就不再關心其他人是否正直，但會在意有沒有才能；評價一個人的價值，不應只取決於知識，而忽視其他美德。

你所困惑的人生難題，哲學家這樣解答

- 生活得最有意義的人，並不是年歲活得最長的人，而是對生活最有感受的人。
- 生活中有一種真正的快樂，那就是讓所愛的人快樂。
- 我們手裡的金錢，是保持自由的一種工具。
- 只有高貴的思想，而無高貴的血統。
- 異性友情的發展，就像雙曲線，無限接近但永不觸及。

20 萬物就是各自成立，卻又互相矛盾

——德國古典哲學創始人康德

康德一生都沒有結婚，他並不討厭女人，相反，他對女性的態度總是非常熱情。用他自己的話來說就是：「當我需要女人時，我卻無力供養她，而當我能夠供養她時，她已經不能使我感到對她的需要了。」

他的初戀是一位有夫之婦。當時他在一位伯爵家裡擔任家庭教師，伯爵夫人年輕貌美，非常愛好哲學，也為康德淵博深邃的知識和見解所折服。康德也很傾慕伯爵夫人的美貌和多才多藝，和她很談得來。雖然這種愛情是不會有結果的，但他們之間的美好情誼保持了二十多年，而且康德在一些著作中也經常提到她。

康德在大學任教後，有次沿著河畔散步時，邂逅了一位年輕的姑娘。她身材嬌小而豐滿，有著淡褐色的頭髮、白皙的皮膚、清澈的眼神，步態輕盈卻不失端莊，舉止溫雅又大方，

透露出一種閒適而高雅的氣質，當時正陪著一位夫人在那裡閒遊。

康德被她優雅的氣質打動，就主動走過去和她們攀談。從言談中得知這位姑娘來自外地，有著良好的家庭教養，而姑娘也發現他就是大名鼎鼎的哲學家康德，並為他的紳士風度所吸引。兩人一見鍾情。

隨著交往的頻繁，他們的關係越來越密切，康德第一次萌發了娶妻成家的念頭。但細細盤算一下自己的收入，康德猶豫了，他還沒有能力供養家庭。而女方一直等不到康德的求婚，最後不得不回自己的故鄉去了。康德第一次成家的願望也就此破滅。

後來，他又起了兩次想結婚的念頭。他曾在朋友家裡邂逅了一位年輕美貌的寡婦，朋友也有意撮合他們，康德雖沒有反對，心裡卻有些猶豫不決，結果被另一個人捷足先登。後來又有一位與康德曾經相愛過的女士，最後也嫁給了一個稅務官。

幾次不成功的戀愛並沒有使康德沮喪，他很樂觀，並且時常宣傳單身的好處。在他年輕力壯時，他也曾為僧侶式的禁慾生活感到苦惱，他說過，男人沒有女人便不能享有生活的樂趣，女人沒有男人則不能滿足自己的需要。但是，到了晚年，他反而為獨身一人感到慶幸，因為他能將畢生的精力傾注於哲學研究上。

康德嚴格按照道德準則安排自己的生活和思想，每天的生活起居都非常有規律，讀書、散步、寫作、上課、起床、喝咖啡等活動，都有一定的時間。

房間裡的東西都會朝一個固定方向，椅子也總是放在同樣的位置。乘車外出散心時，如果超過了原定時間，他就會緊張起來，直到下車回到家才能平靜。

康德最怕噪音干擾，有次鄰居家的一隻公雞不斷啼鳴，使他無法忍受，他就想從鄰居手裡買下那隻雞。鄰居拒絕了他的要求，之後康德乾脆換了住房，住到監獄附近。

康德對於散步這種保健活動十分重視，他說：**「不經常鍛鍊身體，就像讓身體過度緊張一樣，極其有害。」**因此，不論是炎熱的夏季還是寒冷的冬季，颳風還是下雨，他都準時出門散步。

每當柯尼斯堡（按：康德出生地，現屬俄羅斯）的人們看到康德到外面來散步，那就是下午三點半到了。一年四季，三百六十五天，這位生活十分嚴謹的哲學家，每天都恪守著刻板的作息時間表。而城市那些小商販，只要看到路上出現了康德那熟悉的身影時，都會不約而同的立刻對時，或是校對自己的手錶。

康德晚年對咖啡情有獨鍾，特別依戀。他煮咖啡的時間也非常準時，他的鄰居甚至不用買錶，只要看到康德在家裡煮咖啡就知道現在是幾點了。

然而，曾經有三天，城裡所有人的時間表都被搞亂了，因為康德這幾天的生活毫無規律，不但沒有在路上散步，也沒有在廚房煮咖啡。

「教授是不是生病了？」人們擔心的詢問著。

可是三天之後，人們熟悉的「活時鐘」又開始走動了，大家又像以前一樣，把康德每天的生活作息作為時間的參考。

人們問康德：「教授，那幾天您身體是不是不舒服啊？」

「不是，我即使身體不舒服，也不會停下每天的散步。這是因盧梭寫的《愛彌兒》（*Émile, ou De l'éducation*），這本書我一口氣讀了好幾遍。作者的筆調實在是太優美了，使我忘記了散步的時間。過去我讀休謨對因果概念的批判時，雖然感到極大的震驚，能把我從獨斷的睡夢中喚醒過來，但是卻沒有像這次這樣痴迷。」

相互衝突的命題如何解釋？世界本就矛盾

一七八一年，康德的《純粹理性批判》（*Kritik der reinen Vernunft*）出版了，在該書中，康德提出了四個著名的「二律背反」（按：指對同一個對象、問題，所形成的兩種理論或學說雖然各自成立，卻相互矛盾的現象）哲學原則。

第一個「二律背反」：

正題：宇宙在時間上有起點，在空間上也有限制。

反題：宇宙沒有起點也沒有界限。從時間和空間這兩個方面來說，它都是無限的。

第二個「二律背反」：

正題：宇宙中各種組成物質都由許多簡單部分組成；而且沒有東西既簡單又由許多簡單部分組成。

反題：宇宙中沒有由許多簡單部分組成的東西；而且，在宇宙中沒有任何簡單物質。

第三個「二律背反」：

正題：宇宙的各種現象，不只是由遵照自然法則運作的因果律主導的，還受到自由意志的因果律影響。

反題：宇宙中任何東西純粹遵照自然法則運作，沒有自由意志。

第四個「二律背反」：

正題：有一個絕對的必然存在，祂是宇宙的一部分或是宇宙的成因。

反題：宇宙中或在宇宙外沒有一個絕對必然的東西造就了宇宙。

康德在課堂上講他的「二律背反」時，把許多學生都搞糊塗了，他們在課後編了一首打油詩來諷刺他們的教授：

我們的康德教授，學問真是不淺，
他能把明白講得糊塗，也能使你無所適從。
時間既有起點，怎麼又變為沒有起點？
空間既然有限，怎麼又會沒有界限？
既然稱為複合的實體，
怎麼又會不是由單純的部分構成？
世界上各種事物，
那就是依照自然律的因果關係，
怎麼突然又跑出了自由意志？
這難道就是完全無政府主義的自由？
我們既然承認有一個絕對的上帝存在，

怎麼能夠出爾反爾，

又輕易取消上帝對人類的呵護？

嗚呼！人不能兩次涉入同一條河流之中，

在這個二律背反中，我們究竟應該何去何從？

可是在我們博學的教授眼中，對此也顯露出無奈的眼神。

因為他攤開了雙手對我們說：

「我其實什麼也不知道！」

康德看了這首諷刺他的打油詩後，不由得感嘆：「我們的這個世界本來就是這樣矛盾的呀！」

哲學家百科

- 伊曼努爾・康德（一七二四年至一八〇四年），德國古典哲學創始人，統整了理性主義與經驗主義，其學說深深影響近代西方哲學，並開啟了德國唯心主義、康德義務主義等諸多流派。
- 在康德看來，所有的哲學都旨在回答以下三個問題：「我能認識什麼？我應該做什麼？我可以希望什麼？」他認為我們能夠認識自然的、可觀察的世界；我們應該理性的行為，符合普遍道德價值；我們可以寄望於靈魂不滅，以及真的有個正義的上帝存在。

你所困惑的人生難題，哲學家這樣解答

- 一個人所說的話必須是真實的，但是他沒有必要把所有的真實都說出來。
- 「應當」隱含「能夠」。
- 行為是否符合道德規範，並不取決於後果，而是行為的動機。
- 自由不是想做什麼就做什麼，而是當你不想做什麼時，能不做什麼。
- 發怒，是用別人的錯誤來懲罰自己。

21 哲學無法速成，這是一個緩慢薰陶的過程

——德國古典唯心主義代表人物黑格爾

黑格爾十八歲時便到圖賓根大學神學院主修哲學和古典文獻，兩年後獲得哲學碩士學位。在大學裡他結交了兩個朋友：詩人賀德林（Friedrich Hölderlin）、名揚天下的哲學家謝林（Friedrich Schelling）。

圖賓根神學院是培養未來教師和牧師的古老學府，有強烈的修道院色彩，不但要求學生們一律穿黑色袍服，而且要求學生每天早起就自修，連散步都有規定的時間和專門的規則約束。

圖賓根神學院也有體育活動——擊劍和騎馬，這是當時進入上流社會，必須具備的技能，但黑格爾不太參加這些活動。有些同學瞧不起黑格爾只會埋頭苦讀，便私下畫了漫畫嘲笑他，畫中的黑格爾是一個駝背拄著拐杖的小老頭。於是，黑格爾「小老頭」的外號就

傳開了。

大學畢業時，老師們給黑格爾的評語是：對神學朝三暮四，對哲學全力以赴；擅長神學和語言，哲學才能卻有限。若干年後，如果他的老師們還在世，不知道他們會作何感想。

大學畢業後，黑格爾沒有去當牧師，而是和康德一樣成了家庭教師。當他分到了遺產，不必再為生計奔波時，便給謝林寫信問：「什麼地方既有好書看，又有好酒喝？」

當時謝林已經是耶拿大學的教授了，他立刻回覆：「到耶拿來吧！」於是黑格爾就到了耶拿大學當講師。他教學時的忘我狀態，常常成為人們談論的焦點。

有次，黑格爾被安排在三點上課，但他記錯了時間，兩點就進了教室。教室裡坐滿了另一個班的學生，黑格爾並沒有注意到，便走上講臺開始講課。當這個班的任課教授走到門口，聽見黑格爾的聲音，還以為自己遲到了一小時，不得不歉疚的離開。

一八一六年，黑格爾到海德堡大學任教授後，很快就出版了《哲學科學百科全書綱要》（*Enzyklopädie der philosophischen Wissenschaften*），他的名聲傳到了教育大臣耳朵裡。

一八一八年，他被邀請到柏林大學主持哲學講座，這個位子已經空缺了四年。至此，黑格爾成為無庸置疑的德國哲學之王，到處都是虔誠的弟子和追隨者，學生人數不斷增長。

一八二九年，他成為了現今柏林洪堡大學的校長。第二年，國王腓特烈三世（Frederich III）授予他勳章。有人大發感慨：「哲學從來沒有吹過如此高亢的調子……」不幸的是，一八三一年，如日中天的黑格爾染上霍亂病逝，臨終時遺言說道：「只有一個人理解了我的意思，但他還是理解錯了。」

黑格爾說，一個有文化的民族，如果沒有哲學，就像一座廟裝飾得富麗堂皇，卻沒有至聖的神那樣。哲學就像普照大地的陽光，照亮了人類的生活。如果失去哲學，人類的生活就會變得黯然失色。

「廟」之所以是廟，是因為廟裡有被人供奉的神。如果廟裡沒有神，那就不能稱其為「廟」了。

學哲學不能像小和尚念經，親身實踐才有意義

從哲學史的角度看，哲學家們總是相互討伐，後世的哲學家總會顛覆先前哲學家的理論，並在批判中提出自己的新見解——哲學就是在批判中前進。

所以，黑格爾認為：「哲學史就這樣成了一個戰場，堆滿死人的骨骼。它是死人的王國，王國裡不僅充滿了肉體死亡的人類，也充滿了已被推翻的、精神上死亡了的體系。在這裡面，每一個殺死了另一個，並且埋葬了另一個。」

哲學是米娜瓦的貓頭鷹

米娜瓦（Minerva）是羅馬神話中智慧女神、戰神和藝術家與手工藝人的保護神，相對應於希臘神話的雅典娜（Athena）；而棲息在她身邊的貓頭鷹則是智慧、思想和理性的象徵。

黑格爾看來，哲學就像米娜瓦的貓頭鷹一樣，它不是在旭日東昇時的藍天裡翱翔，而是在薄暮降臨時悄然起飛。哲學是對既往思想的反思，因此它總是來得很晚，並且哲學是深沉的，它自甘寂寞，悄然的逼近智慧深處。

哲學是老人的格言

黑格爾認為，同一句格言，從一個飽經風霜的老人嘴裡說出來，與從一個不諳世事的孩子嘴裡說出來，含義完全不一樣。

「老人講的那些宗教真理，雖然小孩子也能說出口，可是對於老人而言，這些宗教真理是他生活的意義，是他親身實踐的內容。即使小孩也能看懂宗教的經書，可是對他來說，在這個宗教真理之外，其實還存在著生活和真實世界。」

哲學不是現成的知識，不是僵死的概念，不是刻板的教條。學習哲學不能速成，這是一個緩慢薰陶的過程，是需要不斷反芻的終身志業。

學哲學不能像動物聽音樂

僅靠記住幾個概念，然後機械性的套用到萬物之上，貌似很「哲學」，實際上卻始終不知道哲學為何物，永遠不可能走進哲學的殿堂。

就像動物，它們能聽見音樂中一切的音調，但這些音調的一致性與和諧性，卻沒有辦法進入它們的腦袋。不幸的是，當今社會上很多人對哲學的理解和運用正是如此，不過是鸚鵡學舌，或者是小和尚念經——有口無心。

哲學家百科

- 黑格爾（一七七〇年至一八三一年），德國古典唯心主義的代表性人物，一般認為，他的思想標誌著十九世紀德國哲學運動的頂峰，對後世哲學流派，如存在主義、馬克思（Karl Marx）的歷史唯物主義、法西斯主義，以及歷史虛無主義都產生了深遠的影響。
- 黑格爾把「絕對精神」看做世界的本原。絕對精神並不是超越於世界之上的事物，自然、社會和人類精神現象，都是它不同的表現形式。事物更替、發展、永恆的生命過程，就是絕對精神本身。他的整個哲學，就是對絕對精神，及自我認識過程的系統闡述。

你所困惑的人生難題，哲學家這樣解答

- 無知者是最不自由的，因為他要面對的是一個完全黑暗的世界。
- 現實中無法解決的困惑，就到哲學裡去尋找答案。
- 一個志在有大成就的人，他必須如歌德所說，知道限制自己。
- 什麼事都想做的人，其實什麼事都不能做，而終歸於失敗。
- 人們往往把任性也叫做自由，但是任性只是非理性的自由。
- 紀律是自由的第一條件。

22

幸福是短暫的，痛苦是永恆的

——唯意志論主義開創者，德國悲觀主義哲學家叔本華

一八二〇年，叔本華（Arthur Schopenhauer）決定在德國柏林大學開課，作為非正式教師，他必須吸引到足夠的學生，確保課程能順利開設並收到得以維生的薪水。

不過，他卻選擇與黑格爾在同一時間開課，他的講堂就在黑格爾對面，決心挑戰黑格爾，那時，他已經完成了最重要的著作——《作為意志和表象的世界》（*Die Welt als Wille und Vorstellung*）。雖然那本書在出版之後只賣出了不到一百本，但作為生命意志（按：Wille zum Leben，以意志的苦修來完善人的生存的哲學概念）的提倡人，叔本華堅持著自己的意志。

當時的德國哲學界，黑格爾作為古典哲學的集大成者，擁有至高無上的聲望。他的學說在德國被視為不可動搖的真理，他在柏林大學開的課是最熱門、最搶手的課，所有人都

以聽黑格爾講課為榮。因此叔本華的決定可說是悲劇。

當時叔本華默默無聞，他的學說甚至遭受了自己母親的嘲笑，認為他寫的都是廢話。當然叔本華也不是沒有做過準備，他精心寫了很多傳單，介紹他的哲學思想，上面寫著：

「意志是世界的內在蘊含和根本，是一種根源性的存有，既包含生物也包含無生物；意志就是衝動、本能、奮進和渴望。意志沒有終止的界限，沒有最後的目的，意志就是無窮無盡的要求。」

「世界是人的表象，世界是人的意志，世界和人是相互依存的，宇宙和我合而為一。」

「人生是作為求生意志的一種肯定，因為人有自我意識，求生意志賦予人依靠自己的力量，維持生命的使命，所以人類是求生意志最完善的客體，是一切生物中，需求最多的生物。」

「意志在追求目的的時受到的阻礙，就是人生的痛苦和缺陷，而當意志達到目的時，就是幸福或滿足。因為人的追求是無止境的，所以人生的痛苦是經常的，而幸福卻是短暫的，人生的痛苦和缺陷才是人的本質。」

「每個人都要為自己的生存而鬥爭，自私自利普遍是人們行為的標準。人類社會就是人與人相互競爭，彼此吞食，以使自己能苟延殘喘的場所。憎恨、暴力、仇恨和罪惡充斥和橫行於這個世界，個體的生存時時刻刻都會受到攻擊和威脅，隨時面臨毀滅的危險，所以歷史就是永無休止的一連串的謀殺、劫奪、陰謀和欺騙。」

「性關係是人類世界的世襲君主，是生存意志的核心，是一切欲望的焦點，因為性愛使人類綿延永續。」

「性愛揭開了另一個人生的序幕，戀愛是求生意志的表現，是解脫人生的叛徒。」

「死亡是對個體生命現象的否定，但它並不是對生命意志本身的否定。」

「自殺並不導致生命意志的否定，相反，自殺是強烈的肯定生命意志的一種現象。」

叔本華的宣傳單極其深奧，哲學理論也十分精闢，但是他對意志的過分強調，以及選擇了與黑格爾同時的開課時間，使得他難以扭轉當時的大勢。

於是在他的第一堂課上，只出現了四、五個學生，這讓叔本華相當灰心；但課還是要繼續上。

叔本華開始講授他的哲學理論，他的思想承襲於康德：「現象」和「物自體」（按：獨立於觀察的客體）兩者組成了世界。

現象是表象，物自體是意志。到這裡還是可以了解的，學生也還坐得住，但是接下來，叔本華的學說將讓他們大吃一驚。

如何脫離痛苦？只有斷絕一路

叔本華說：「意志是這個世界的自因（Causa Sui）。它敵視所有的客觀物質世界，本身是一種盲目的、不可遏制的衝動，它以無意識的生存作為基本特點。人的意志在日常現實中是無法體現的，因此人生充滿了痛苦，幸福是暫時的，唯有痛苦是永恆的。」

「因為人們的生活意志，所以**人們的欲求是無限的，當達到一個欲求之後，你會有短暫的滿足和幸福感，但隨即你就將陷入更大的痛苦和欲求當中。因為欲求的永無止境，所以人們永遠不可能滿足他們自身的要求**。如此，得不到的痛苦、不能滿足的痛苦，就將貫串人的一生。」

叔本華語驚四座，臺下的學生面面相覷，但是叔本華置之不理，繼續他當時反人類本質的學說：「因此**人類唯一的解決之道，就是斷絕『我執』**，否定生活意志，達到涅槃，才能進入無我之境，得到解脫。禁慾是不可能的，因為欲望是如此強大，以致再堅強的人都只能免除自我的痛苦，對整個世界無所幫助。要想免除根源的痛苦，就要徹底斷絕生命之源。」

「那麼人類就滅絕了。」有位學生忍不住驚呼。

「那才是最根本的脫離痛苦之道。」叔本華語出驚人，那些學生終於承受不住，離開了課堂，落荒而逃。叔本華自嘲說：「原來我的哲學竟然是魔鬼。」

此後幾個學期，叔本華開辦的講座無人問津，就算是他在時隔六年之後重新回到柏林大學，仍然沒有人願意選他的課。現實的挫折深深打擊了叔本華，於是叔本華在苦悶之餘選擇了去法蘭克福隱居，開創了悲觀主義哲學。

人生前半寫的是正文，後半生加的是注解

與黑格爾的爭鬥讓叔本華心灰意冷，他避居法蘭克福，開始了單調的生活。他嚴格遵循著一定的規律，穿著舊式的燕尾服，脖子上細心的打著白色的領結，在規定的時間到最近的飯館用餐，長時間散步，一路上自言自語。

他養了一條白色的狗「阿特曼」（Atma，意思是「世界之魂」）陪伴他，因此鄰居們都把它叫作小叔本華，而叔本華也反過來這樣責罵自己的狗：「嗨，你這個人。」

叔本華曾說：「**人生前四十年寫的是正文，往後三十年則是不斷的在文中添加注釋。**」

叔本華的注釋寫得要比正文好得多，在他人生的後三十年，因為黑格爾哲學沒落，叔

本華便成了著名的哲學家。世界各地的仰慕者紛紛向他致以最高的敬意。

音樂家華格納（Richard Wagner）也在一八五四年把歌劇《尼伯龍根的指環》（*Der Ring des Nibelungen*）獻給叔本華。在他七十歲生日時，海量的賀函如雪片般從世界各地送來，他的生日過得空前風光。不過兩年之後，叔本華就因為肺炎去世。他用一句話作為他一生的注腳：「這一切終於都熬過來了，我生命中的暮色成了我聲望的朝霞。」

哲學家百科

- 亞瑟．叔本華（一七八八年至一八六〇年）著名德國哲學家，唯意志論主義的開創者，他的悲觀主義、形而上學、美學等影響了後世的佛洛伊德、尼采等人。
- 他認為，被「意志」支配，最終只會帶來虛無和痛苦。他對心靈屈從於身體、欲望和衝動的壓抑、扭曲的理解，也啟發了日後的精神分析學和心理學。

你所困惑的人生難題，哲學家這樣解答

- 人生就是一團欲望。當欲望得不到滿足便痛苦，當欲望得到滿足便無聊，人生就像鐘擺一樣在痛苦與無聊之間擺盪。
- 沒有相當程度的孤獨，不可能有內心的平和。
- 人要麼庸俗，要麼孤獨。
- 事物的本身是不變的，變的只是人的感覺。
- 人只有在獨處時才能成為自己。誰要是不愛獨處，那他就不愛自由。
- 人應該像偉大的天才那樣思考，像普通人那樣說話。

23 知道自己為何而活，就可以忍受任何一種生活

——殺死上帝的哲學家，尼采

當我們聽到一個人在研究哲學時，可能會善意的勸告他：「你可千萬不要變成瘋子啊！」事實上，歷史上如此多的哲學家，變成瘋子的僅有一個，而這個人影響極為廣大，他就是尼采。

我們沒辦法肯定尼采發瘋的原因，不過諸多的研究表明，他的瘋病與哲學研究並無太大的關聯。尼采主要是因為幼年時目睹父親死亡，以及伴隨他一生的體弱多病，才導致他發瘋。尼采一直認為，由於父親在三十五歲那年去世，遺傳了父親偏頭痛、近視、眩暈等病症的他，肯定也會和父親一樣在三十五歲去世。

同時，由於父親的早逝，尼采和妹妹們是由他的母親和姑媽等幾位女性撫養長大。因而尼采深受她們影響，心理上帶著一種「女人氣」。小時候的尼采頭顱碩大、身材瘦小、

眼睛斜視，性情內向孤傲，不過智力過人。

由於一直和妹妹在一起，所以尼采沒有和其他同齡人一起玩耍過，他害怕陌生人，也不知道該怎麼和他們說話，這些都為尼采後來孤獨的流浪埋下了種子，但不得不說的是，在尼采的哲學中，**他對意志力有著近乎偏執的要求**，也許也是由於這個因素。尼采認為，天才等於神經病，而**權力意志**（按：Der Wille zur Macht，尼采認為權力意志是種最基本的驅力，曾被他用來解釋物理上的變化、動植物的生長、繁殖、擴張等等，乃至於人類的心理、文化的現象。尼采認為這些背後都是由權力意志推動）**所要求的恰恰就是一個超人的人**。

傳說，尼采發瘋是因為一匹馬。那時，儘管他身體衰弱，精神經常混亂，但還是能在狀態好時走出書房去散步，放鬆心情。但是在一八八九年的某個傍晚，當尼采順著與往常一樣的道路散步時，悲劇發生了。

尼采看到一匹老馬拖拉著沉重的車輛，艱難的前進，馬的主人卻殘忍的揮著皮鞭，使勁抽打著那匹馬。尼采當即瘋狂的跑上前抱住了那匹馬，失聲痛哭，大叫道：「我可憐的兄弟啊！」隨後尼采就瘋了。

人們普遍認為這和尼采的「主人—奴隸道德說」有關。尼采主張最基本的道德形態有兩種——「主人道德」和「奴隸道德」。主人道德把行為放進「好」與「壞」的標準中；奴隸道德即是把行為放進「善」與「邪惡」的標準。在《道德譜系學》（*Zur Genealogie der Moral*）一書中，尼采藉由第一篇文章將基督教的道德觀，追溯至那個被他稱為「奴隸借由道德造反」的時期，他描述了社會底層的人們，對於那些強大、富有且高貴的上層成員的「怨恨」。

貴族成員們是以「好、壞」作為價值的區分標準，認為他們在社會中所占的優勢，恰恰證明了他們的優越，並且藐視那些底層的成員。而奴隸們則發現他們無法面對自己被強者征服的事實，於是構思出了一套「想像的復仇」，將那些強者描述為「惡」，並將他們自身描述為「善」，也因此建構出了基督教的道德觀。透過這套道德觀，無能而軟弱的成員才有資格住在地球上。

在第二篇文章中，尼采描述了在這套道德觀出現前社會的景象（他將之稱為「傳統的道德」）。在那之前，以暴力傷害人的權力來自於一個人的能力，就如同動物也有記憶和承諾的能力一般，違背承諾者遭受的懲罰就是被施加暴力傷害。

也因此，依據尼采的說法，施加懲罰的傳統並不是來自於任何道德目標或理論。「壞的結果」也是在道德觀浮現前的社會就已存在的概念。若人不再自由四處遊蕩和劫掠，他所帶有的暴力的動物本性，便會轉而發洩至自己身上。

第三篇專文裡，尼采則討論到了基督教道德觀裡所呈現的「完美的禁慾者」的概念。尼采主張，埋藏在這個禁慾概念之後的，只不過是一連串可笑而又沒有根據的迷信，即使在現代社會，這些迷信仍然企圖以新的、「祕密的」形式腐敗人類。

上帝已死，因為自由的時代來臨

「上帝已死」是尼采最著名的命題，也可以說是尼采為世人所熟知的一句話，甚至也有人說這是尼采發瘋的原因。因為在說出上帝已死之後，尼采又說：「我就是上帝。」

上帝代表的是基督教的倫理要求，就像孔子代表儒家的倫理一樣，當尼采說出上帝已死時，這樣的命題直接引發了後世「存在主義」的中心論點：**若沒有上帝，那麼就沒有必然的價值或道德律。若沒有必然的價值或道德律，那人類應該如何自處？**

當然，尼采所說的「上帝已死」，不是指上帝這個真實存在的物質實體死亡了，而是基督教的道德倫理在他的學說中被批判了。在自傳《瞧，這個人！》（*Ecce homo*）中，尼采在揭露基督教的道德本質時，也寫下了與眾不同的言論。

他說：「對基督教的盲目崇拜是典型的罪惡——違背生命的罪惡。」而最可怕的東西就是「好人的概念，因為它意味著那人可以說是軟弱、病態、衰落的集合體。」他認為真正強大的人，必須是野獸。對軟弱、友善、美好等詞的蔑視，則是尼采所一直強調並身體力行的超人和權力意志。他認為，**歐洲人過去兩千年來的精神生活，是以信仰上帝為核心**，人是上帝的創造物、附屬物。人生的價值，人的一切都寄託於上帝。

雖然自啟蒙運動以來，上帝存在的基礎已開始瓦解，但是由於沒有新的信仰，人們還是信仰上帝，崇拜上帝。他借狂人之口說，自己是殺死上帝的兇手，指出上帝是該殺的。基督教倫理約束人的心靈，使人的本能受到壓抑，要使人獲得自由，必須先殺死上帝。

尼采認為：「基督教的衰落有其歷史必然性，它從被壓迫者的宗教，轉化為統治者的宗教，它的衰落是歷史的必然。」**在沒有上帝的世界裡，人們獲得了空前的機會，必須建立新的價值觀——以人的意志為中心的價值觀**。為此，要對傳統道德價值進行清算，傳統的道德觀念是上帝的最後掩體，它已深深滲透人們的日常生活之中，正腐蝕著我們的心靈。

藐視所有傳統道德、成為超人，是尼采的人生目的

尼采的身體一直很不好，他的生活也極端困苦，這對任何一個人來說都相當沉重，很容易使人陷入消沉。但尼采相反，他一直要求自己要以堅強無比的意志來生活。與叔本華的悲觀主義相比較，承襲於叔本華的尼采比他積極很多。

叔本華屬於絕對的消極悲觀主義，認為人類只有斷絕生命之源，才能從永恆的痛苦中解脫；**尼采卻認為人們應該奮發向上，他也贊同人類處於永恆的痛苦當中，但人類的目標是成為超人**。超人，在尼采的書中被定義為擁有權力意志、可以完美掌握自己命運之人。

在途經法蘭克福時，他看到一隊軍容整齊的騎兵，雄壯威武、情緒高昂的穿城而過。突然間尼采的靈感如潮水般湧出：「我第一次感到，至強至高的『生命意志』，絕不表現在悲慘的生存鬥爭中，而是表現於一種『戰鬥意志』，一種『權力意志』，一種『超權力意志』！」

尼采想建立新的哲學，將生命意志置於理性之上的哲學，非理性的哲學。作為對理性的挑戰，他提出了權力意志說，用權力意志取代上帝的地位、傳統形而上學的地位。**權力意志說的核心是肯定生命，肯定人生**。

權力意志不是世俗的權勢，它是一種本能的、自發的、非理性的力量。它決定生命的本質，決定人生的意義。尼采比較了權力意志和理性的不同特性，理性的特性是：冷靜、精確、邏輯、生硬、節欲；權力意志的特性是：激情、欲望、狂放、活躍、爭鬥。

尼采認為：「權力意志源於生命，歸於生命，它就是現實的人生。人生雖然短暫，只要具有權力意志，創造意志，成為精神上的強者，就能實現自己的價值。」權力意志作為最高的價值標準，一方面肯定了人生價值，另一方面也為人世間的不平等做了辯護。

在尼采看來，人類與自然生命一樣，都有強弱之分，強者總是少數，弱者是多數。歷史與文化是少數強者創造的，他們理所當然的統治弱者。尼采推翻了神的等級制度，肯定了人的等級制度。

尼采還提出他的「超人哲學」，關於建構理想人生的哲學。超人是理想人生的象徵，是尼采追求的理想目標和人生境界。尼采對現代人、現代生活感到很失望，他夢想改善人，造就新的人，即超人。

超人並不是具體的人，是一個虛幻的形象。超人具有大地、海洋、閃電那樣的氣勢和風度。尼采認為：超人還未現實存在，它是未來人的理想形象；超人給現實的人生設定了價值目標；**超人是人的自我超越**。

尼采鼓吹人生的目的就是**實現權力意志**、**擴張自我**，**成為駕馭一切的超人**。超人是人的最高價值，應當藐視一切傳統道德價值，為所欲為，透過奴役弱者來實現自我。同時，他特別反對男女平等、婚姻自由、女性解放，在他看來，人們對待婦女的方式就是「別忘了你的鞭子」。

尼采說：「我的作品將在百年之後得到重視。」、「想到有朝一日，我會被最沒資格的人尊崇、扭曲……我就感到恐懼。」

也許尼采在看到他那個具有反猶主義、法西斯思想的妹夫時，就已經有了預感。後來，尼采的哲學果真被他的妹妹伊莉莎白（Elisabeth Förster-Nietzsche）竄改，作為附和法西斯的言論，使尼采蒙受法西斯汙名長達幾十年之久。直到有學者將尼采的所有手稿從伊莉莎白手中搶出，將被伊莉莎白竄改、刪減的文本重新梳理了之後，尼采才得到平反。

哲學家百科

- 弗德里希·尼采（一八四四年至一九〇〇年），在他的作品中關於「超人」、「權力意志」、「上帝已死」的概念，引起人們廣泛的討論和解釋。雖然尼采並沒有創造出系統性的哲學理論，但他的學說也對後世的精神分析、存在主義等產生了深刻的影響。
- 他認為自己找到了一種徹底戰勝虛無主義的方法，即「超人」。他主張一般人依賴社會定義道德，超人則自我定義道德觀，不受拘束、力求突破；超人就是不同於人的人，敢於冒險，也敢於失敗。

你所困惑的人生難題，哲學家這樣解答

- 一個人知道自己為什麼而活，就可以忍受任何一種生活；不能聽命於自己者，就要受命於他人。
- 那些不能殺死我的，都使我更堅強。
- 對待生命不妨大膽冒險一點，因為終究你會失去它。
- 如果這世界上真有奇蹟，那只是努力的另一個名字。
- 婚姻不幸福，不是因為缺乏愛，而是因為缺乏友誼。
- 我們飛得越高，在那些不能飛的人眼中的形象就越渺小。

24 如果你結婚，你會懊悔；你若不結婚，也會懊悔

——丹麥哲學家、詩人，存在主義創立者齊克果

索倫・齊克果（Søren Kierkegaard）生於一個富裕的家庭，父親是一個成功的商人，擁有在當時稱得上巨額的財產。他的父親也是極為虔誠的基督徒，從小就對他實施了嚴格的宗教教育。由於齊克果的天資和父親的鐵血教育，使他相當早熟。

他們父子經常在家討論與他的年齡極不相稱的話題，令每一個來訪的朋友都驚嘆他簡直是天才兒童。在齊克果成人後，他回憶道：「當我生下來時就已經是個老人，我完全跳過了童年和青年時期。」

齊克果五歲入學，從此一生就獻給了對於真理的探究。他先於哥本哈根大學畢業，後來又前往柏林大學學習，在學識上所獲非凡。令人羨慕的是，齊克果一生都不需要找工作維生，他始終在追尋自己的興趣生活，全都依靠父親遺留下來的巨額遺產。

他的書在生前幾乎沒什麼銷量，多數也都是自費出版。在他看來，是上帝賦予了他作為一個哲學家的職責，他說：「雖然在我的時代，無人能理解我，但我終究將屬於歷史。」而他也總是毫無愧疚的花費著父親的遺產，過著自由並且奢侈的生活。

或許真是上帝對他的安排，在四十二歲的一天，他上街取回了銀行裡的最後一筆錢，然後就昏倒在路上，不久便離開了人世。

齊克果曾說：「假如我的墓碑要刻上墓誌銘的話，我將選擇『那個個人』。」這代表了他強烈關注個體存在的哲學、主觀體驗的哲學，人們也將他視為存在主義的先驅。

人生的荒謬，在於無論如何都會後悔

齊克果是個深刻認識到人生之荒謬的哲學家，他有一段名言：「**如果你結婚，你會懊悔；如果你不結婚，你也會懊悔；不管你結不結婚，你都會懊悔**……信任一個女人，你會懊悔；不信任她，你也會懊悔；不論你信任還是不信任她，你都會感到懊悔……**這就是所有哲學的要點和本質。**」而這種深刻的見解正是來源於他自己的人生體驗。

他曾在日記裡描述自己：「我是具有兩副面孔的雅努斯（按：Ianus，羅馬神話的神，通常被描述成有前後兩張面孔，展望著過去和未來）；我以一副面孔笑，用另一副面孔哭。」他時常參加晚會，憑著機智的口才成為聚會的焦點，他用幽默的故事逗得所有人開懷大笑，但在他心裡卻又特別討厭自己。因為他感覺自己正在成為平庸之人，甚至痛恨自己到想自殺。

一八三七年，齊克果遇到了一個名叫維珍妮（Regine Olsen）的姑娘。這位十五歲的少女愛上了他，他們慢慢論及婚嫁，並在一八四〇年訂了婚。然而不久後，齊克果就取消了婚約。雖然他們深愛對方，但在齊克果看來，他們無法真正理解彼此，也不可能真正給予對方幸福。

取消婚約的晚上，他哭了整夜，但第二天卻又裝出一副沒事的樣子。終其一生，他都無法忘記維珍妮。在他的許多著作中，齊克果都曾用隱晦而天才式的文字，繼續向維珍妮傳達著愛意。在維珍妮結婚之後，他又給她的丈夫寫信說道：「今生她將屬於你，但她終將和我一起進入歷史。」

齊克果的一生寫了許多著作，但他的多數作品都是以筆名發表，有的作品甚至寫上好幾個筆名，似乎是由幾個人共同寫成。有時，他會在閱讀自己的作品後，又寫文章攻擊自己。他似乎害怕別人知道這些文字是他寫出來的。

在寫作《非此即彼》（*Enten—Eller*）時，他拚命製造假象，為了掩蓋他在從事哲學創作的事實。據說他在這段時間每天晚上都去飯店用餐，然後去劇院露臉十分鐘，一分鐘不差。結果大家都在傳言齊克果每天晚上都去劇院，什麼事都沒幹，誰都猜不到不久後出版的《非此即彼》是他的作品。

有人猜測，齊克果之所以要這麼做，是因為他的作品實際上都是寫給維珍妮的，而他害怕別人發現這一點。

齊克果雖然認識到了人生的荒謬，但他自己同樣也無法躲開，這一點或許使他生活得更加痛苦。

生活的意義是什麼？面對死亡

齊克果被奉為存在主義之父，而**存在主義的哲學，即是強調要關注我們的生存狀況，探討我們存在的意義**。在他之前的哲學家們，總是關心如何理解世界、怎樣理解道德這類的大問題，個人的生活、在生活中的痛苦，往往被他們忽視。齊克果不滿於這種情形，他要做一個**真正關心每一個人生活的哲學家**。

在齊克果的作品中，他批評當時最有影響力的哲學家，黑格爾的哲學就像一個大宮殿，但是人始終還是住在自己的小破屋裡。而他要使自己的哲學成為能餵飽每一個人的麵包，他要做一個能真正讓人填飽肚子的哲學家。他曾說過一則故事：

劇院後臺突然起了一場大火，有個小丑跑出來通知大家，但眾人卻以為那是個笑話而鼓掌喝彩。小丑重複了警告，群眾卻喧嘩得更加熱鬧。

在齊克果看來，他就像那個小丑，向世人們宣告著危險，卻沒有任何人理他。他認為人類時刻都在面臨著死亡，但多數人在生活中卻忘記了這個事實，他們總是在想一些瑣碎的事情，譬如「我的襪子是不是破洞了？」這類無關緊要的問題。這些人就像劇院裡一心看笑話的觀眾一樣可笑。

齊克果強調生命的易碎，他認為人應當面對死亡，努力去把握自由，並且創造自己的命運，成為一個偉人。他像尼采一樣寄希望於一種新人誕生，他的「信仰騎士」（按：Troens ridder，指那些完全相信自己及神，並從俗世中脫離出來行事的人。他們與神和信仰間有一種絕對且私人的關係，信仰騎士會為了神及自己的信仰，捨棄一切普世的事物），孤獨而又瘋狂的向世界挑戰，就像著名的唐．吉訶德（Don Quijote）一樣。

哲學家百科

- 索倫．齊克果（一八一三年至一八五五年），丹麥哲學家、詩人，一般被視為存在主義的創立者。生前他默默無聞，名氣幾乎從來就沒有超出過丹麥的邊界。二十世紀存在主義興起後，他又被奉為存在主義的先驅。
- 他的哲學注重對於個人的關注，強調現代生活方式下，個人的心靈感受與尋求。他將人的存在描述成三種不同層次：「感性」、「理性」和「宗教性」，只有信仰（宗教性），才能使人重獲「凡事都有可能」的希望。

你所困惑的人生難題，哲學家這樣解答

- 生命只能從回顧中領悟，但必須在前瞻中展開。
- 不做決定本身就是一個決定，不做選擇本身就是一種選擇。
- 我們所害怕的，正是我們所渴望的。
- 人最容易忘記的是自己。
- 愛最喜歡什麼？無限。愛最怕什麼？限制。

第四部

每個人都可以活成自己的哲學家

25 未被表達的情緒永遠不會消失，只是被活埋了

——精神分析學創始人、奧地利心理學家佛洛伊德

許多人在看過《夢的解析》（*Die Traumdeutung*）後，都會認為佛洛伊德肯定是個對性心理有特殊研究的色情狂，其實這完全錯怪了佛洛伊德。佛洛伊德對於愛情和婚姻的態度其實非常嚴肅，甚至有些保守。

佛洛伊德的愛情心理學，起源於九百多封情書

說到佛洛伊德的妻子，還得從他的妹妹安娜（Anna Freud）說起。在一八八二年四月的一個晚上，佛洛伊德從外面回到家。按照習慣，他會直接穿過客廳回到房間，他一直覺得

自己的時間太少，而要研究的東西實在太多了，所以必須抓緊每一分鐘。

然而，當他正打算和往常一樣回房間時，他聽到了一個非常有吸引力的聲音，他無意間朝客廳瞥了一眼，那一瞥改變了他的人生，甚至也影響了整個心理學界和哲學界。佛洛伊德看到安娜正在和一個嬌小可愛、純情率真的姑娘說話。於是他改變了主意，熱情的加入妹妹和瑪莎．伯尼斯（Martha Bernays）的談話。

雖然當時，佛洛伊德尚未開始他聞名後世的精神分析學研究，但他馬上就意識到自己已經對這個女孩一見鍾情。「這太瘋狂了！」佛洛伊德對自己大喊道：「這應該是只會在小說或戲劇中才出現的情節啊。」佛洛伊德在之後看到瑪莎時總是手足無措，生怕自己的窘態被發現，他的表現完全像個情竇初開的小夥子，更不敢對瑪莎示愛，怕被拒絕。

這樣的日子過了不久，佛洛伊德發現自己承受了巨大的精神壓力，而且內心也在滋生著一種不可壓抑的感情衝動。這位精神分析學的創始人意識到，如果自己再繼續這麼下去，很可能會幹出一些無法控制的事情。

於是他當機立斷，在明白「對於這樣的一個少女，我的任何假惺惺行為，都是不可忍受的」之後，佛洛伊德開始了他瘋狂的求愛行為。他去花店買了一朵紅色的玫瑰花，並在花束中附上了一張自己的名片，上面用拉丁文、西班牙文、英文和德文寫了一句格言，親自送到了瑪莎的家中。在那張名片上，佛洛伊德稱瑪莎為「嘴唇會銜來玫瑰和珍珠的神仙公主」。

在之後長達一個月的時間裡，佛洛伊德堅持每天送一朵玫瑰花，這樣的示愛行動終於讓他成功牽起了瑪莎的手。但感情的道路是坎坷而波折的，尤其沉浸在愛情中的人更是患得患失。對心理學最有研究的哲學家佛洛伊德也不例外。

當他和瑪莎漫步在維也納的卡倫山時，他送給了瑪莎代表情人關係的一片橡樹葉，可是瑪莎拒絕了，這讓佛洛伊德無比傷心。

第二天，佛洛伊德陪瑪莎和她的母親一起散步，佛洛伊德絞盡腦汁問了瑪莎許多天南地北的問題試探，可瑪莎還是愛理不理的樣子。於是，懵懂青年佛洛伊德度過了一個無比忐忑且胡思亂想的星期。

幸運的是，在那之後佛洛伊德把一本《塊肉餘生錄》（*David Copperfield*）送給瑪莎，讓她感受到了佛洛伊德的心意，因為她曾不經意的說過，自己很想看這本狄更斯（Charles Dickens）的經典小說，而佛洛伊德把她無意間的話都記住了。不久，他們就訂婚了。

後來，因為經濟考量，佛洛伊德不得不離開精神分析研究所，在維也納綜合醫院當了一名專職醫生。擔任醫生期間，佛洛伊德學到了臨床經驗，這也為他日後的精神分析研究打下了基礎。不過瑪莎離開了維也納，搬去了漢堡，於是在之後的四年間，佛洛伊德和瑪莎不得不透過寫信來保持聯繫，在佛洛伊德去法國巴黎留學期間也是如此。

從訂婚到結婚，經過了整整四年時間，佛洛伊德真正感受到了狂熱的戀愛，以及其中的煎熬，同時也感受到了愛情的美好和巨大力量。四年中，佛洛伊德一共寫了九百餘封情書。而瑪莎只要一收到佛洛伊德的信，立刻就會回信。這些書信日後也被佛洛伊德集合成冊，取名為《佛洛伊德情書》（*Letter from Sigmund Freud to Martha Bernays*）。

那些往來的書信，忠實記錄下了佛洛伊德和瑪莎之間刻骨銘心的愛情。「永遠覺醒的睡眠」、「光明的煙霧」、「寒冷的火焰」、「沁舌的甜蜜」……對方的每一封信都會牽動自己的情緒和神經，佛洛伊德的同事甚至學會了，如何透過揣摩佛洛伊德的情緒，來猜測瑪莎的信中寫了什麼事。

如果佛洛伊德一整天都興高采烈，工作無比積極熱情、頭腦興奮、思維迅速，那麼肯定是瑪莎在信中寫了許多甜蜜的話。反之，如果佛洛伊德整天都愁眉苦臉、死氣沉沉、垂頭喪氣，對工作毫無興趣或者突然間對工作瘋狂無比，那麼肯定就是瑪莎在生佛洛伊德的氣了。因此每當有佛洛伊德的信時，愛搗蛋的同事總要佛洛伊德請客，否則就不將那封決定佛洛伊德一天精神的信交給他。

在那些信中，最短的都有整整四頁，一般他們情書的長度都在十頁左右，最長的竟然達到了二十二頁。這些情書清楚記錄下了兩個人之間的情感曲折。有時，佛洛伊德會自覺身處在快樂的高峰；但也許瞬間之後，僅僅因為瑪莎隨後不經意的一句話，他就會跌進痛苦的深淵。

佛洛伊德為此而感嘆道：「**真正的愛情道路永遠是崎嶇不平的。即便是兩情相悅，也可能會有各種矛盾、死亡、疾病、誤會**……這些都會侵害它，使它像一個微弱的聲音、一片捉摸不定的影子、一段恍恍惚惚的夢、一個夜空中突然出現的閃電。在那瞬間，相愛的人們會經歷地獄和天堂的種種感受，**真心相戀的人們永遠都會受到愛情的折磨**，這似乎是愛情的法則，忍受和折磨，正如記憶、幻夢、嘆息、希望和哭泣一樣，都是愛情不可缺少的隨從者。」

多年後，當佛洛伊德研究愛情分析學，寫作《性學三論》（*Drei Abhandlungen zur Sexualtheorie*）時，他的自身經歷也提供了最直觀和深切的感受。

克服障礙，從說出回憶開始

當我們看到一位小男孩對年長女性非常依賴時，我們可能會說：「這位小男孩有伊底帕斯情結（按：Oedipus Complex，戀母情結）。」儘管我們不知道伊底帕斯是誰，但大家一定都聽過。而發明這個詞的人，正是精神分析學創始人佛洛伊德。

伊底帕斯是古希臘悲劇作家索福克勒斯（Sophocles），名劇《伊底帕斯王》（*Oedipus Rex*）中的主角，伊底帕斯命中注定會弒父娶母，最終他刺瞎自己雙眼，走向了無邊的黑暗贖罪。

佛洛伊德借用伊底帕斯一詞，背後意思就是：「每一個小男孩天生就有殺父娶母的傾向。而同時每一個女孩天生就有殺母嫁父的傾向，這就是厄勒克特拉情結（按：Electra Complex，戀父情結；厄勒克特拉同為希臘神話中的人物，相傳厄勒克特拉因母親與其情人謀殺了她的父親，故決心替父報仇，最終與其弟弟殺死了自己的母親）。」當然，這些理論自從佛洛伊德創建的那天開始，就不斷引人非議。

而讓佛洛伊德萌生精神分析念頭的，是一個意外的緣由。佛洛伊德步入獨特的職業生涯，緣自與約瑟夫．布羅伊爾（Josef Breuer）之間的友誼跟合作，後者是位成功的醫生和生理學家，比他大十四歲。雖然歲數和地位有些差距，可他們依然成了莫逆之交。

佛洛伊德經常拜訪布羅伊爾，彼此的友誼在佛洛伊德於維也納醫院有了更多臨床經驗後，更上了一層樓，他們經常會談到自己接觸過的病案。

一八八二年十一月，布羅伊爾告訴佛洛伊德，他有一個病人，一位年輕的女性，患有歇斯底里症，他為她治療已經有一年半。這位女性在歷史上的個案研究假名叫安娜．歐（Anna O），本名是貝塔．巴本漢（Bertha Pappenheim），父母親是富有的猶太人，她也是瑪莎的朋友，是個嬌生慣養的姑娘。

佛洛伊德受這個病案吸引，讓布羅伊爾詳細透露了病情，並在數年後與布羅伊爾一起寫了一份報告——經常被稱作精神分析學第一份個案報告，精神分析學就是從這裡生根發芽開始成長的。

貝塔是位漂亮且聰明的年輕女孩，她深深迷戀著自己的父親，在他生病期間仔細照料他，直到她因嚴重的「歇斯底里症」病倒在床。她失去了胃口、肌肉無力、右臂麻痺，還有一緊張就咳嗽的嚴重毛病。

在父親過世後，貝塔的病情也更加嚴重，開始出現有著黑蛇和骷髏的幻覺，語言發生障礙（有時候，她不能講德國母語，卻能說英語、法語或者義大利語），哪怕渴得要死她也不能喝水，還會出現「空白期」——恍若夢中的時空錯覺，她把這叫作「時間消失」。

布羅伊爾告訴佛洛伊德，之前他試很了多療法都無能為力，直到有一次，碰巧撞上了一種很奇怪的新方法。在她發生「空白期」時，她常會呢喃說出一些，從一長串想法中冒出來的詞，布羅伊爾發現，只要給貝塔稍加催眠，他就可以讓她以這些詞為起點，重現她思想意識裡的一些圖景和幻想故事。

在這之後，非常奇怪的是，貝塔會有好幾個小時不再有精神混亂。第二天，她也許又會進入另一次空白期，布羅伊爾又會透過催眠治療她。他稱這叫作「談話療法」，或者「掃煙囪」（chimney-sweeping）。

布羅伊爾告訴佛洛伊德，談話療法比暫時使其脫離精神混亂的意義大得多，**如果他可以讓她在催眠狀態下，回憶起某種特殊的症狀最早是在什麼時候、以什麼樣的方式出現的話，這種症狀就會消失。**

例如，布羅伊爾曾讓貝塔回憶自己為什麼不能喝水，她想起有次看見一條小狗在水杯裡喝水，因此覺得十分噁心。然而當她醒過來以後，就可以正常用杯子喝水了，這個症狀再也沒有出現過。

同樣的，談話療法還使她舒緩了右臂麻痹——她想起來，有一次在照顧父親時，她的右胳膊垂在椅背後面麻掉了，而在這之前，她曾做過一個夢，夢見一條黑蛇向她爬來，她卻不能用手臂趕走它。

透過這個方法，布羅伊爾一個接一個攻下了貝塔的病症並控制病情。可是在某一天夜晚，她又一次發生了混亂，因腹部痙攣而疼得打滾。他問她怎麼了？「布羅伊爾醫生的孩子要出生了。」她說。

布羅伊爾驚愕的意識到，貝塔正歇斯底里的經歷著懷孕幻想，而且還是從有關他的狂想中產生，便猛然將把她交給了一位同事，與妻子一起外出旅行，不再管她了。

佛洛伊德便從這個案例出發，和布羅伊爾在五、六年的時間裡，討論了一系列病案（貝塔和佛洛伊德的其他病人）最終慢慢形成了一種歇斯底里理論，也就是整體意義上的心理學理論。

他們的結論是，「歇斯底里症會受到回憶的影響」——就是那些痛苦的情感體驗——它們因為某種原因從意識中被釋放出來。**在這些痛苦不堪的回憶被遺忘時，與此相關連聯的情感仍然被「糾纏著」，或者轉換成一種生理狀態，進而表現為病理症狀**。當記憶透過催眠而得以恢復時，情感就可以被感知並表達出來，症狀也就因此而消失。這就是布羅伊爾和佛洛伊德於一八九五年共同發表的《歇斯底里症研究》（*Studien über Hysterie*）。

焦慮的起源，都來自童年記憶

人們普遍認為夢是個特殊的存在，一直帶有神祕色彩。佛洛伊德以他的理論為基礎，提出了他對於夢的獨特理解，並寫下了《夢的解析》一書。

他在對夢的觀點中談道：「關於夢境，有一種觀點認為，夢是一種精神作用。柏拉圖說『夢是一種感情的產物』；亞里斯多德說『夢是一種持續到睡眠狀態的思想』；精神分析家哈特曼（Heinz Hartmann）說『人可以借由夢追溯出自我的另一個領域——潛意識』；

尼采說『夢是白天失去的快樂與美感的補償』、『夢的狀態，就相當於瘋狂，因為兩者都會呈現一種智力的混亂，並且均以內在主觀的反應投射於外在世界』；還有人說『夢使人脫離道德上的自我約束，而看到自我感情生活的原型』。

「而在我看來，除去那些占據大部分、沒有明確含義的夢之後，剩下的**夢是一個人複雜的理智活動**。例如當你夢到洞穴時，洞穴代表的是陰道；而當你夢到石柱時，石柱代表的是陰莖。」

佛洛伊德認為，人們的意識分三層：超我、自我和本我。其中超我代表的是現世中的道德要求，是標準的衛道士，它時刻警惕著本我的出現。而本我是一個人最真實的想法，也是最接近動物的部分，它代表的是人類原始的一面。這兩個我都是不露面的，在現實中出現的則是自我。自我夾在超我和本我中間，努力調和著超我和本我激烈的鬥爭。

當一個男生喜歡一個女生，或一個女生喜歡一個男生時，超我會說：「注意，你不能採取行動，因為你的行動將會給對方造成困擾，同時，也會侵犯對方的隱私。」而本我則會說：「不要猶豫，趕緊撲上去，推倒他／她，你想做什麼就做什麼吧。」而這個時候，最痛苦的就是自我了，它不得不在保持禮貌和發動攻擊之間找到平衡，使自己既不會被冠上色狼或者流氓的稱號，也不至於喪失獵物。

佛洛伊德從柏拉圖的「靈魂回憶說」中汲取了靈感。他將其中不切實際的概念都去掉，然後將前世回憶改造成「童年回憶」。在佛洛伊德看來，孩子在兩歲之前的經歷，將會決定他接下來對人生的態度，而這種觀點也是經由現代科學所驗證的。

從出生到兩歲的這個階段，是孩子培養安全感、性心理（與性有關的心理狀態）等關鍵心理發展的時期，這個時期的任何一點經歷，都會在日後影響孩子的行為。而在兩歲之後，孩子會將之前的記憶封鎖，開始進入後世記憶時期。

不過**兩歲之前的記憶並沒有消失，而是進入了潛意識當中，在意識之下主導著一個人真實的心理活動**，而這種控制，清醒時人們是不會意識到的。正如當某人在選擇要吃的水果時，他不知道為什麼自己會選擇蘋果而不是香蕉。

當一個孩子在兩歲前，可以得到完全的有求必應，那麼他將會培養起完整的安全感，在他之後的人生中，他會對這個世界，以及他擁有的東西抱以極大的信心。反之，若一個孩子在兩歲前沒有得到足夠的照顧，他就會非常缺乏安全感，在他成人之後，他便會對這個世界抱持一種極端的不信任，隨之而來的就是對現實生活的焦慮。

而這些情緒和心理，即本我，在平時是被超我壓抑的。但在睡夢中時，由於超我力量被減弱，於是各種潛伏在表面之下的意識就都冒了出來，但由於超我仍然存在，這些意識並不能以原本的面目出現，於是這些念頭便改頭換面，以各種意象的形式出現。

因此佛洛伊德認為，夢中的各種意象，在剝去它們的偽裝之後，將清晰表達一個人真正的內心思想。

哲學家百科

- 西格蒙德．佛洛伊德（一八五六年至一九三九年），奧地利心理學家、精神分析學家、哲學家，精神分析學的創始人，二十世紀最有影響力的思想家之一。
- 他認為，精神症狀主要源自於心理壓抑的失敗，並主張「夢是一種在現實中實現不了，以及受壓抑的願望滿足」。他的人格理論大部分都圍繞著，增進或壓抑我們的性渴望之必要性來討論。

你所困惑的人生難題，哲學家這樣解答

- 未被表達的情緒永遠都不會消失。它們只是被活埋了，有朝一日會以更醜惡的方式爆發出來。
- 對於成功的堅信不疑，時常會導致真正的成功。
- 人生有兩大悲劇：一是沒有得到心愛的東西；另一個是得到了心愛的東西。
- 沒有所謂玩笑，所有的玩笑都有認真的成分。
- 夢的內容是由於意願的形成，其目的在於滿足意願。

26

如何看見事物的本質？觀察與分析

——德國哲學家，現象學創始人胡塞爾

一八五九年四月八日，胡塞爾（Edmund Husserl）出生於奧匈帝國的普羅斯涅茲（今屬捷克）。童年時的胡塞爾和所有的孩子一樣十分淘氣，他並不是好學生。據他的同學回憶，胡塞爾是一個瞌睡蟲，常常在課堂上睡著，其他同學只好不停把他叫醒。

當老師向他提問時，他總是睡眼惺忪的站起來，打著哈欠。由於平時上課不認真，在每學期末，為了不被留級，他不得不拚命學習落下的功課。他的成績總是在其他同學後面，只有數學例外，儘管老師對大家要求很嚴格，但他總能取得最好的成績。胡塞爾的學習成績也表明，他屬於智力開發比較慢的孩子。

根據當時學校的習慣，學生到了高年級時，學校要根據學生的成績和天資發展等情況，每隔兩年給學生做一次將來的職業建議。在五、六年級期間，學校給胡塞爾的建議是「司

法」，然而兩年後，胡塞爾得到的職業建議是「哲學」。一個同學回憶道：「胡塞爾在七年級時對我們說出了一句驚人的話，他說將來要研究天文學。我們大家對他這個志向都不太相信。」

快要畢業時，胡塞爾發現了老師對他做出的評語：「胡塞爾很難通過畢業考試，這幾年來，他一直使我們感到很為難。」也許是受到了刺激，胡塞爾開始了前所未有的用功，早上五點就起床，複習所有的教材，而這些教材以前他幾乎都沒有看過，而且他還必須獨自通過各門課程的口試。

胡塞爾的最終結果出乎老師們意料，他取得了好成績。校長在報告中以自豪的口氣寫道：「取得這麼好成績的胡塞爾，曾是我們學校最差的學生。」

在萊比錫大學就讀期間，胡塞爾偶然間得到了一架由蔡司公司（Carl Zeiss Corporation）生產的望遠鏡，他十分仔細的檢查了這架望遠鏡，而且在鏡片上發現了一個汙點。隨後，他把這架望遠鏡寄回蔡司公司。

胡塞爾很快收到了當時蔡司公司經理的回信，信中允諾胡塞爾將來可以進入蔡司的研究所工作，因為胡塞爾在那架望遠鏡上發現的汙點，沒有被工廠的任何一個檢驗人員發現，經理相信胡塞爾「肯定有遠大的前程」。

而胡塞爾的哲學生涯，是由一位貴人所指引。在大學時，他結識了後來捷克斯洛伐克的首位總統托馬斯・馬薩里克（Tomáš Masaryk）。馬薩里克當時已經獲得了博士學位，他在學業上比胡塞爾懂得更多，也經常幫助胡塞爾學習，並且指點他如何獨立思考。

胡塞爾曾說，馬薩里克對他的開導，使他擺脫了錯誤的、非倫理的民族主義情緒。馬薩里克反覆給胡塞爾這位哲學入門者推薦近代哲學奠基者的思想，例如笛卡兒、經驗主義、萊布尼茲，甚至還推薦他到萊布尼茲哲學協會參加各種學術活動。

胡塞爾遇到的另一位貴人是德國哲學家弗朗茲・布倫塔諾（Franz Brentano），正是因為他的影響，胡塞爾真正開始將研究轉向哲學。在布倫塔諾的指導下，胡塞爾明白了哲學是一門科學，並且是一門嚴謹的科學，其他各門科學皆以哲學為基礎。胡塞爾還開發了分析精神活動意向性（按：Intentionality，指意識構造客體的能力，也就是心靈呈現事物、屬性、狀態的能力）的潛力。

事實上，數年後他對「現象學」（按：對經驗結構、意識結構的哲學性研究；現象學所說的「現象」，並不是直接呈現在人類感官前的表象，而是事物之所以為事物的本質，具體來說，現象學是研究事物本質的科學）的研究，就是以意向性分析開始的。

一九三六年，納粹政府由於胡塞爾的猶太血統而收回其教師資格證書，他的處境變得相當糟糕，並於一九三八年患病逝世。臨終前他沒有留下處置財產的遺書，只以微弱的聲音說道：「生和死是我的哲學之最終追求，我作為哲學家活了一輩子，現在我想作為一個哲學家而死去。」

如何看見本質？觀察與分析

胡塞爾講過一個童年故事：有人送給了他一把小刀，他覺得不夠鋒利，所以不斷打磨它。沒想到他越磨刀刃，刀刃就變得越小，到最後幾乎都沒有了。回頭看來，這件事在他的人生中具有某種象徵意義。

後來胡塞爾進入維也納大學，師從布倫塔諾，布倫塔諾提倡**不套用任何哲學前提，一切問題都被轉化為最直接的心理經驗**。後來，胡塞爾逐漸意識到必須超越心理主義，把對意義的描述分析，引導到一個更純粹的、邏輯的、現象學的層面。他指出，企圖把邏輯問題歸結為心理問題的觀點，忽視了邏輯規律與心理規律之間十分重大的差別。

當時心理學並不是十分精確的科學，雖然它講究從實驗總結出規律，但所使用的是不完全歸納法，所以心理學揭示的思想規律有效性，只在一定條件下才成立，並不是完全放諸四海皆準。

胡塞爾所追求的，是具有普遍有效性的「如何構成主體思想」之理論，為了形成這種理論，他吸收了康德唯心主義的思想方法，走上了處於柏拉圖和亞里斯多德之間的「中間道路」。

胡塞爾主張，雖然哲學是一門嚴謹的科學，但是他一直沒有找到一個真正嚴格意義上的起點。在他看來，其原因是哲學家們的思維還是有局限性，還未能真正擺脫根深蒂固的「自然主義」（按：不探究自然界中超自然因素的哲學立場，其理論認為所有現象皆可用自然理由的概念解釋）的思想方式。

根據這種思想方式，人認識的對象和可能性，都有固定的答案和前提，人的認識和思考從一開始就已經處於某種框架之內，缺少一種實際體驗的、反思的徹底性。人的認識不是一個真正的起點，也缺少一個內在嚴格的構成機制。

他認為，**哲學必須徹底，而且不要有任何前提條件**。他的一生中不斷對自己的哲學提出苛刻要求，堅持哲學的科學嚴格性。他反對哲學中的大話和空話，要求將哲學史上的「大紙鈔」兌換成有效的「小零錢」。

他拒斥形而上學的思維方式，主張直觀和分析。所以，胡塞爾的哲學有明顯的「內在化」和「觀念化」趨向，**現象學不是關於客觀現象的哲學，而是把客觀現象內在化和觀念化的哲學**。

哲學家百科

- 埃德蒙德．胡塞爾（一八五九年至一九三八年），德國哲學家，現象學的創始人。
- 他的一生思想多變，但其目標是要使哲學建立在嚴密科學的基礎上，即哲學必須放棄一切未經證明的前提，以求其徹底性；哲學的概念和論證必須明晰可證，以求其嚴密性。

你所困惑的人生難題，哲學家這樣解答：

- 直觀不能論證或演繹。
- 哲學必須徹底，而且不要有任何前提條件
- 我們不能因為這個時代而放棄永恒。

27 人為什麼而活著？愛情、知識、痛苦

——英國哲學家、邏輯學家羅素

英國哲學家羅素十一歲時，哥哥弗蘭克（Frank Russell）便開始教他幾何學。弗蘭克首先在紙上寫出了五個幾何公理，以及點、直線、圓、面等定義要求羅素記住。

「我為什麼要記住這些東西啊？」羅素問哥哥。

「因為它們都是一些不證自明的公理。」

「為什麼它們可以不證自明呢？」

「因為這些東西根本不需要證明。」

「為什麼這些東西根本不需要證明呢？」

「因為這些東西都是顯而易見的。」

「**難道顯而易見的東西就不需要證明嗎？**」羅素不解的問。

「當然。」弗蘭克邊解釋邊在紙上畫了兩個點，然後他接著說：「你看，在這兩個點之間，如果用一條直線把它們連接起來，只能畫出一條直線。這難道還需要證明嗎？你自己畫一畫就知道了。」弗蘭克把筆遞給了羅素，要他自己在紙上畫一畫。

可是羅素沒有從哥哥手中接過筆，他還是不明白為什麼這些公理不需要證明。「我認為，這些東西不加證明就要我毫不懷疑的接受，是沒有道理的。」

「實際上，這些東西是不能證明的。」哥哥見羅素那麼倔強，有點不高興，因此，他便說這些公理是根本不能證明的，想要以此來堵住羅素那張愛發問的嘴。

「不能證明？為什麼不能證明啊？」

「不能證明就是不能證明，這還有什麼理由？你如果還要糾纏這些違反常識的問題，那我就不教你了！」弗蘭克顯然生氣了。

看到哥哥生氣，羅素為了尊重他，也沒有再說什麼，可他還是認為：「任何命題都需要證明，不管是幾何學的命題，還是其他數學的命題，都是需要證明的。」

後來羅素在已經成形的「集合論」中發現了一個悖論，世稱「羅素悖論」，它引起了「第三次數學危機」。羅素悖論的通俗版本稱為「理髮師悖論」：

村裡的理髮師掛出了一塊招牌：「村裡所有不自己理髮的男人，都由我幫他們服務，我也只幫這些人理髮。」於是有人問他：「那您的頭髮由誰理呢？」

理髮師該幫自己理髮嗎？若他替自己剪頭髮，那麼按照他所說：「只幫不為自己理髮的男人服務」，他不應該替自己理髮；但如果他不為自己理髮，同樣按照他的言論「村裡所有不自己理髮的男人，都由我幫他們服務」他又應該為自己理髮……。

話說名師出高徒，西方哲學史曾經出現過蘇格拉底、柏拉圖、亞里斯多德這樣傳奇式的名師高徒，而羅素師門也不惶多讓；羅素有一位名師——英國數學家兼哲學家懷海德（Alfred Whitehead），還有一位高徒（在下一章會提到）——維根斯坦。

羅素活到九十多歲還有清楚的頭腦和不滅的熱情。有個故事說，羅素在八十多歲時，說他九十多歲的老師懷海德「真是老糊塗了」，而懷海德反過來說羅素「還不成熟」。懷海德是個天才，非常年輕就成了劍橋的教授。由於他是天才，所以很快就看出了羅素也天賦異稟。當羅素來上課時，懷海德對羅素說：「你不用學了，你都會了。」

正因為羅素是天才，所以他也很快就看出了維根斯坦的才氣。維根斯坦曾經向羅素詢問自己有沒有才華：「如果我是天才，我就研究哲學；如果我是蠢蛋，我就去開飛艇。」羅素後來對他說：「忘記飛艇吧，你是個天才。」

有趣的是，其實他們三個人往往分不清誰是老師、誰是學生。懷海德看到羅素《數學原理》（*Principia Mathematica*）的書稿，覺得有道理，就參了一腳。而羅素也承認，維根斯坦對他「邏輯原子論」（按：Logical Atomism，由羅素及維根斯坦共同發展，一套關於語言與世界間關係的理論。強調語言與世界間有相對應的邏輯結構關係，哲學的工作即在於呈顯出此種關係）的形成有過深遠的影響。

一九二〇年，已經享譽世界的羅素受邀到中國講學一年。中國學者們希望羅素能夠給他們的學術界帶來新鮮生氣。除了講學之外，羅素還到過很多地方，寫了大量的文章，在美國報紙上發表專欄。

在羅素的眼裡，他把中國看作是一個藝術家的民族，「藝術家應有的優點和缺點它全都具備」，他總用敬佩的口吻談中國文化。孫中山也稱他為「最理解中國的西方人」。

羅素用學者的良知寫道：「中國人到西方尋求知識，希望知識能夠為他們提供獲得智慧的途徑。而白種人帶著三種動機到中國去：打仗、賺錢、讓中國人改信上帝。」回國後，他說：「當我前往中國時，我是去教書的，但我認為我在中國逗留的每一天，我要教給中國人的東西甚少，而需要向他們學習的東西甚多。」

在中國期間，羅素曾經大病一場。病後他拒絕任何採訪，一家對此很不滿意的日本報紙就謊稱羅素已經去世。雖經多方交涉，這家報社仍不願收回報導。羅素取道日本回國時，這家報社又設法採訪他，作為報復，羅素讓祕書給每個記者分發印好的字條：「由於羅素先生已死，他無法接受採訪。」

我為什麼而活著——愛情、知識、痛苦

有三種簡單而極其強烈的激情支配著我的一生。那就是對愛情的渴望、對知識的追求，以及對人類苦難的無比同情。這些激情猶如狂風，把我帶到絕望邊緣的深深苦海上東拋西擲，使我的生活沒有定向。

我追求愛情，首先因為它讓我銷魂。愛情使人銷魂的魅力，令我常常願意為了幾個小時的快樂，而犧牲生活中的其他一切。我追求愛情，又因為它能減輕孤獨感——那種獨自顫抖的靈魂，望著世界邊緣之外，冰冷、無生命的無底深淵時，所感到的可怕的孤獨。我追求愛情，還因為愛的結合，使我在一種神祕的縮影中，提前看到了聖者和詩人曾經想像過的天堂。這就是我所追求的，儘管人類生活似乎還不配享有它，但它畢竟是我曾經觸及到的事物。

我以同樣的熱情追求知識，我想理解人類的心靈，我想了解星辰為何燦爛，我還試圖弄懂畢達哥拉斯學說的力量，是這種力量使我在無常之上高踞主宰地位。我在這方面略有

成就，但不多。

只要愛情和知識存在，總會將我導往天堂。但是，憐憫又總是把我帶回人間。痛苦的呼喊在我心中反響迴盪。孩子們受飢荒煎熬、無辜者被壓迫者折磨、孤弱無助的老人在自己的兒子眼中變成可惡的累贅，以及世上觸目皆是的孤獨、貧困和痛苦——這些都是對人類理想生活最大的嘲弄。我渴望能減少罪惡，可我做不到，於是我感到痛苦。

這就是我的一生。我覺得這一生是值得活的，如果真有可能再給我一次機會，我將欣然再重活一次。

羅素的一生，正是對這三種情感的詮釋。他和懷海德合著的《數學原理》使他贏得了在世界同行中的聲譽，這部著作**把數學邏輯引入語言，確立了分析哲學**（按：analytic philosophy，強調語言、意義及概念的釐清與分析，一方面矯正了傳統哲學注重玄思及因語意曖昧不明造成範疇錯誤的缺點，另一方面也使教育思想更精確與清晰）的基石，而分析哲學後來也成為二十世紀英語國家的主流哲學。

但是在完成《數學原理》後，羅素感到才思枯竭，儘管當時他只有四十歲。這時維根斯坦對其思想的批評，也摧毀了他的自信。而第一次世界大戰期間參加反戰活動，使他喪失了在劍橋大學的研究資格，並因此被關進了監獄。

後來他又經歷了婚變的痛苦、孩子的煩惱，以及無休止的經濟問題，導致羅素在餘生中幾乎沒有再真正研究過哲學，雖然他一直活到九十八歲。但為了支付不斷飛來的帳單，他需要大量寫作，一生中每天平均要寫兩千字。

如此的高產讓他某些作品難免顯得膚淺，但有些作品中，他的主張在當時還是非常激進的，比如關於性、婚姻、離婚、教育、國際政治和裁軍等方面。這些觀點雖然不是羅素獨創，但由他提出後，說服力、感染力就特別強，因而成為瀰漫西方思想中的自由主義潛意識，普遍被人們接受。

因此，羅素對自己一生結了四次婚、有無數的情人，一點都不覺得不好意思。一九六一年，年近九十歲的羅素因參與宣導核裁軍的抗議活動，又一次被關進監獄。這種英雄行為讓他成為和平的天使、明智和理性的燈塔。

哲學家百科

- 伯特蘭．羅素（一八七二年至一九七〇年），英國哲學家、數學家和邏輯學家，致力於哲學的大眾化、普及化。
- 他最大的貢獻，是與維根斯坦等哲學家創立了分析哲學，透過將哲學問題轉化為邏輯符號，哲學家們就能夠更容易推導出結果，不會被不夠嚴謹的語言誤導。

你所困惑的人生難題，哲學家這樣解答

- 切勿為自己獨特的想法而恐懼，因為我們現在接受的常識都曾是獨特的。
- 這個世界的問題在於聰明人充滿疑惑，而傻子們堅信不疑。
- 科學是那些我們已經知道的東西，哲學是那些我們還不知道的東西。
- 害怕愛情就是害怕生活，而害怕生活的人已經被半身入土了。
- 放棄自己想要的某些東西，是幸福生活不可或缺的一部分。

28 你應該用畢生精力，去從事最擅長的事

——二十世紀最有影響力的哲學家、數理邏輯學家維根斯坦

維根斯坦出生於一個稱得上豪門的家庭，他的父親是歐洲鋼鐵工業巨頭。像許多豪門一樣，他年幼時在家學習，但成果並不好。一九〇三年，維根斯坦通過入學考試後前往林茨（位於奧地利東北部），一所以技術著稱的中學學習。在這裡，他遇到了另一個後來同樣改變了整個世界的人——阿道夫．希特勒（Adolf Hitler）。

據說當時他們兩個人雖然沒有很深的交往，但在某些方面卻有著相似之處。他們都稱呼其他的同學「您」，這一稱謂顯得更加正式和彬彬有禮，但同時也表現得更加疏遠，而其他同學們都是用「你」來互相稱呼。

中學畢業後，維根斯坦想和當時著名的物理學家路德維希．波茲曼（Ludwig Boltzmann）學習，但後者於一九〇六年自殺，使得維根斯坦的希望毀於一旦。後來父親想把他培養成

工程師，便又把他送到了英國去學習航空工程。

在學習數學的過程中，維根斯坦研究了數學基礎問題，閱讀了當時英國哲學家羅素的《數學原理》，激發了他學習哲學和邏輯的興趣。後來，他直接找到了羅素，向羅素詢問自己有沒有才華：「如果我是天才，我就研究哲學；如果我是蠢蛋，我就去開飛艇。」

於是，羅素讓他寫一篇論文，只要寫他感興趣的題目就行。不久，維根斯坦把論文拿來了。只讀了幾句，羅素就相信維根斯坦是個天才，勸他無論如何不要去開飛艇。而另一位著名的英國哲學家喬治．愛德華．摩爾也非常賞識他，因為在摩爾的課上，只有維根斯坦一個人看上去十分疑惑，充滿了問題，其他人都擺出毫不在意的表情。而在摩爾看來，這種問題意識對於哲學研究十分關鍵。

後來的事實也證明，這兩位哲學家判斷正確。維根斯坦天分極高，在哲學研究表現出了無與倫比的才能。

在與一些學者討論時，維根斯坦總是能表現出驚人的創造力。在他們聚會時，時常會出現一段時間的沉默，而這時只會有維根斯坦一個人的聲音。其他人都屏息無聲的注視他，每個人都高度集中的想著維根斯坦所說的問題，因為只有這樣才能勉強理解，也沒有人敢打斷他。

維根斯坦特別強調語言的重要性，在他看來，幾千年來的**哲學家們不過就是在玩語言**

的遊戲，而語言本身的奇妙性至今仍未能被人們掌握。

哲學的工作，在於呈現語言和世界的關係

他曾做過一個絕妙的比喻。「拿一個口小、頸長、肚子大的玻璃瓶，在瓶底塗上一些蜂蜜，結果會引來許多蒼蠅。而這些蒼蠅一旦飛進了瓶子，不是淹沒在這黏稠、甜膩的蜂蜜裡，就是嗡嗡的叫著直到死去。」

在維根斯坦看來，哲學家就是這些蒼蠅；而他的工作，就是給這些蒼蠅指出一條逃離瓶子的路。這並非要解決哲學問題，而是要消除哲學問題。在他看來，**以往哲學問題的產生，原因就在於錯誤的背離日常會使用的語言**，就像那些蒼蠅們錯誤的飛進瓶子裡。

他也做出了另一個比喻：「一個搞哲學的人，就彷彿被困在房子裡走不出去。他想從窗戶爬出去，可窗戶太高；他想從煙筒鑽出去，可煙筒太窄。不過只要他一回頭，就可以看見：原來大門是一直敞開著的！」維根斯坦這些觀點充滿天才性的創造力，以至於當時的許多偉大思想家都無法理解。

在他參加劍橋大學博士論文答辯時，主持人是羅素和摩爾這兩位名師，但這兩位卓越

的哲學家卻始終也不能理解維根斯坦在說什麼。羅素問他：「你一會說關於哲學沒什麼好說的，一會又說能夠找到絕對真理，這不是矛盾的嗎？」

維根斯坦拍了拍他們的肩膀說：「別急，你們永遠也搞不懂這一點的。」答辯就這麼結束了，羅素和摩爾只好一致同意他通過。類似的事情還有，有次維根斯坦拿了一份報告去申請研究基金，請羅素來鑒定，羅素不喜歡這套新理論，他的評語大意是：這本書非常有創造性，但在他看來是錯誤的，不過還是同意給予研究經費。

第一次世界大戰開始後，維根斯坦返回了奧地利，作為公民應徵入伍。在戰爭期間，他依舊堅持哲學思考和創作。他在自己的背包裡裝入了一疊紙，帶著走進了戰壕，只要有空，他就繼續哲學創作。不久，他被義大利人俘獲，在監獄裡，他仍繼續思考，作為戰俘的他完成了《邏輯哲學論叢》（*Logisch-Philosophische Abhandlung*）的寫作。

不可言說的事物，我們應當保持沉默

《邏輯哲學論叢》只有數十頁，由七個命題組成，每個命題的下面又寫上對該命題的評注，還有對評注的評注，甚至對評注的評注做出的評注。例如，他的第一頁是這麼開始的：

1. 世界是所有發生的事物。

1.1 世界是事實的總體，而不是事物的總體。

1.11 世界為諸命題所規定，為它們即全部事實所規定。

1.12 因為事實的總體規定發生的事情，也規定所有未發生的事情。

1.13 在邏輯空間中的諸事實就是世界。

1.2 世界可分解為諸事實。

1.21 每項事情可以發生或者不發生，其餘的一切則保持原樣。

2. 發生的事情即事實，就是諸事態的存在。

這樣的寫作格式，不論當時還是現在都十分獨特，但這並不影響這部著作成為影響整個世界的偉大作品。在這部作品中，維根斯坦表達了這樣的觀點：「**對於世界，我們是有辦法用嚴格的邏輯描述表達的**，我們的語言就是世界的反映；**而對於不可言說的事物**，譬如上帝，**我們應當保持沉默**。」

關於這部在監獄寫成的著作還有一個故事。維根斯坦在發表《邏輯哲學論叢》前，想請他的老師羅素寫一篇序言，於是就把原稿交給了他。羅素很高興的答應了。但當羅素如約把文章交給維根斯坦後，經過仔細的閱讀，維根斯坦斷定羅素沒有理解自己的哲學思想。於是他給羅素寫了封信：

親愛的羅素教授：

我覺得您的那篇導言，是在沒有完全理解我的哲學思想之條件下所寫出。因此，我認為它不能夠和我的著作一起刊印出版。尤其不能被譯為德文，因為一旦您英文風格的文采被去掉，那麼這篇導言就會顯得十分膚淺，並且充滿了誤解。

為此，他拒絕將羅素的序言和原文一起付印，導致出版商因此拒絕出版他的書。直到三年後，這本書才得以出版。

完成了這部著作後，維根斯坦認為他已經解決了所有哲學問題，於是便帶著教學的熱忱前往奧地利南部山區，投入政治家格律克爾（Otto Glöckel）宣導的奧地利學校改革運動，成為一名小學教師。

有著理想主義追求的維根斯坦，在這裡過著苦行僧般的生活，對學生也充滿了熱情，然而卻被無法理解的家長們視為「瘋狂的傢伙」。據說他還提出收養學生的要求，但被家長們斷然拒絕了。直到後來，他逐漸對自己的觀點產生了懷疑，這才重新回到了劍橋進行研究，並且接替摩爾成為哲學教授。

人要為了自己的興趣愛好而死

維根斯坦脾氣古怪，十分孤傲。他終身未娶，還結交了許多年輕的男性朋友，所以有許多人懷疑他是同性戀者。在生活上，年輕時他就放棄了巨額財產，因為他不希望有貪圖錢財的朋友接近自己。

後來，他又時常懷疑自己的朋友們會跟他交往，不是由於感情，而是因為可以從他那裡獲得哲學的啟示。他希望友誼是高尚而純粹的，他需要不企圖從他那裡得到任何東西的朋友。而對於任何在他看來冒犯了自己的人，他的回擊也通常令人難以接受。

維根斯坦在劍橋大學組織了一個道德科學俱樂部，經常舉辦學術演講。有一次，另一個偉大的哲學家波普爾（Karl Popper）來到這個沙龍演講，波普爾和維根斯坦是哲學上的死對頭。在來劍橋之前，波普爾就曾與羅素交流過，做了準備，可謂知己知彼。他這次準備狠狠打擊維根斯坦那「反哲學」的囂張氣焰。

波普爾演講的主題是「是否存在真正的哲學問題？」。演講中他指出，我們每天都會面臨許多問題，其中有些是經驗問題或常識問題，但有些則是哲學問題或道德問題。例如「我們究竟是誰？」、「我們是否真的能夠認識周圍的世界？」、「我們死後去了哪裡？」、「為什麼說精神是永恆的？」等等。

這些問題無法利用經驗回答，只有透過哲學反思，才能理解這些問題。維根斯坦對波普爾的這種觀點大為惱火，因為在他看來，一切所謂的哲學問題，都可以透過邏輯分析解決，最終發現它們並不是真正的問題。

維根斯坦不由分說打斷了波普爾的演講，與波普爾展開了約十分鐘的激烈爭論。波普爾不慌不忙，拿出一份事先準備好的哲學問題清單，準備向維根斯坦挑戰。

當波普爾提到道德問題以及道德準則的有效性時，維根斯坦正坐在火爐旁，擺弄著撥火棍，一聽到波普爾發問，就舉起正在撥弄火爐的撥火棍，指向波普爾說道：「請你給出一個真正的道德問題！」

他的老師羅素大吃一驚，馬上對著維根斯坦喊叫：「放下撥火棍！」波普爾隨即說道：「請不要用撥火棍威脅一個受到邀請的客人！」維根斯坦聽後扔下棍子，開門揚長而去。這就是哲學史上的「撥火棍事件」。

維根斯坦將哲學看成了終身事業，因為他認為哲學能改變他的生活，使他明白生活的意義。在他看來，其他的一切跟哲學思考相比都不重要。

他的好朋友和老師摩爾晚年得了中風，癱瘓在床，但頭腦仍很清醒。摩爾的妻子為了讓摩爾能夠好好休息，不允許任何人和他討論哲學問題超過半個小時。

但維根斯坦去拜訪摩爾時，卻不肯遵守這一規定，並且和摩爾的妻子大吵起來。維根斯坦對著摩爾的妻子說道：「討論哲學上的問題，也是摩爾的興趣愛好之所在。如果他真的因為討論哲學問題而激動死去，那就讓他死好了。因為這是死得其所。」他的師母頓時感到震驚：「你怎麼能說這種話呢？我還把你當成摩爾最好的朋友。」

維根斯坦卻回答：「正因為我是他最好的朋友，所以我懂他在想什麼。**一個人應該用他畢生的精力去從事他擅長的事，絕不應該單純為了延長生命而放鬆對工作的努力。**」躺在床上的摩爾聽到了他們的對話，把維根斯坦喊了進去說道：「你說得對極了，不論如何，我都不能放棄我的哲學。」

維根斯坦講課的方式非常獨特，他基本上是在自己或朋友的住所裡上課，沒有講稿，也沒有筆記，每一課都是新的哲學探索。他總是一邊思考，一邊講課，有時甚至會長時間沉浸在思考之中，聽者可以從他那生氣勃勃的面部表情，看出他的思想正處於激烈的鬥爭狀態。

有時他又會突然爆發出一連串的宏論，配合有力的手勢。聽過他講課的人，每個都抱有極其深刻的印象。維根斯坦講課時由於太投入，常常被弄得筋疲力盡。每次講完課，他最好的解脫方式就是看電影。

當班上的學生離開時，他就會請求身邊的朋友說：「你能和我去看一場電影嗎？」，往電影院的路上，他會買一塊餡餅；到了電影院，坐在第一排，一邊嚼著一邊看電影。不管影片多麼庸俗或做作，他總能被吸引到情節裡，只有如此他才能從折磨和耗盡他精力的哲學思想上解脫出來。

維根斯坦的一生經歷了許多不幸，但也創造了令人驚嘆的哲學著作，在他臨死時，他對著守護在身邊的人說：「告訴我的朋友們，我過完了極為美好的一生。」

哲學家百科

- 路德維希·維根斯坦（一八八九年至一九五一年），奧地利哲學家、數理邏輯學家，語言哲學的奠基人，二十世紀最有影響的哲學家之一。其研究領域主要在語言哲學、心靈哲學和數學哲學等方面。
- 他認為過去的許多哲學問題，都源自哲學家對語言的錯誤理解與使用，使哲學成為空洞的形上學；哲學的任務應該在於，按照日常語言的規則講話，並在具體用途中考察語詞的意義。

你所困惑的人生難題，哲學家這樣解答

- 不停問「為什麼」的人，就像站在歷史建築物前讀導遊手冊的遊客一樣。
- 不要想，而要看！
- 從不做蠢事的人，也永遠不會有任何聰明之舉。
- 幽默不是一種心情，而是一種看待世界的方式。
- 除了自然，不要把他人的例子當作你的指南。

29 自由的選擇不會帶來快樂，因為你要承擔一切後果

——法國哲學家、存在主義代表人物沙特

沙特（Jean-Paul Sartre）幼年喪父，他的外祖父是位語言教師，花費了很多精力教育沙特，外祖父不俗的文學品味深深影響了他。使他年輕時就許下志願，要同時成為「史賓諾沙」和「司湯達」（按：馬利—亨利・貝爾〔Marie-Henri Beyle〕，十九世紀法國作家，司湯達〔Stendhal〕為其筆名）。史賓諾沙是偉大的哲學家，司湯達則是偉大的文學家。而沙特想同時成為一流的思想家和一流的作家為人們記住的夢想，最後也成了現實。

中學畢業後，沙特考入巴黎高等師範學院（簡稱「巴黎高師」）就讀哲學。這所大學每年僅招兩百餘名學生，可以說是專門出產知識精英的學校。從巴黎高師畢業後，沙特成為中學的哲學教師。與其他老師不同，沙特雖長相不佳，但談吐幽默，為人自然親切，與學生們打成一片，很快就贏得了學生們的信任和熱愛。

儘管沙特的外祖父早就警告過他，寫作是一個非常不可靠的職業，但沙特還是由衷熱愛寫作，並在離開大學後亟欲成為一名作家。他的前兩本小說《挫敗》（*Une Défaite*）和《關於真理的傳說》（*Legende de la verite*）均被拒絕出版，所以沙特的興趣便又轉向了哲學。他勤奮的工作著，常常是上午讀胡塞爾的哲學著作，晚上著手寫小說。

一九三六年，他將一部名為《憂鬱》（*Melancholia*）的哲理小說交給了加利瑪出版社（按：Éditions Gallimard，法國最有影響的出版社之一，於一九一一年在巴黎創立），但這本書再次被拒絕出版。自信的沙特怒了。萬幸的是，在兩個朋友的引見下，沙特見到了加利瑪（Gaston Gallimard）本人，後者表示他唯一反對的是書名，並建議將書名改為《嘔吐》（*La Nausée*）。

一九三八年，《嘔吐》出版了，它被認為是沙特所有小說中哲學內涵最為豐富的一本。雖然沙特仍在中學教書，但他的作品越來越多，並廣為流傳，他已被公認為法國文學界的新星，這終於成就了他成為一名作家的夢想。

沙特一生還寫了許多劇本，其中《蒼蠅》（*Les Mouches*）是二戰期間，透過古代神話傳說表達抵抗情緒的故事，而他撰寫並參與演出的《死無葬身之地》（*Morts sans sépulture*）更是風靡一時。

最讓沙特名聲大噪的，是他拒領諾貝爾文學獎一事。一九六四年，沙特憑自傳體小說

《沙特的詞語》（*Les mots*）獲得諾貝爾文學獎。提前獲知了此消息，沙特立刻給諾貝爾獎的評選單位——瑞典皇家學院寫了一封信，表達自己的態度，希望對方取消這項決定，他也會拒絕領獎。但瑞典皇家學院還是繼續宣布沙特獲得了這項文學的至高榮譽。

獲獎當天，沙特在餐館擬寫了一份拒授聲明，由他的朋友在瑞典駐法國使館宣讀。他說他一貫拒絕官方的榮譽，但他並不諱言，在東西方兩大陣營中，他更同情社會主義陣營，他認為諾貝爾文學獎存在著明顯的政治傾向性。

由於拒絕了諾貝爾獎，沙特又一次引起了極大的社會轟動，大批的記者開始蜂擁而至。為了避開這些人，沙特躲到了他的情人西蒙・波娃（Simone de Beauvoir）的住處。不久，沙特接到母親的電話，有一大群記者圍在家門前。

過了一會，波娃家的門鈴開始響起，鈴聲一直響到凌晨兩點，沒有辦法，沙特只得走了出來，讓記者拍了些照片，簡單說了幾句話。第二天早上，沙特一出門，一大群記者又圍了上來，並且一直跟到沙特的住處。就在閉門時，沙特回過頭忍不住說了：「我希望我寫的書，能夠讓那些真正想讀的人來讀，而不是由於得了獎的名氣。**我拒絕接受榮譽的頭銜，因為這會使我受到拘束**，我一心只想做個自由人。一個作家應該真誠的做人。我不希望自己被埋葬！」

如果上帝不存在，任何事都可能發生

沙特的天賦不僅體現在文學造詣上，他在哲學的敏感度同樣令人吃驚。早在他還是高中生時，有天，沙特走進一家電影院看電影，一切都十分平常。但當他走出電影院的時候，看著街上人來人往到處走動，就突然閃出了哲學思想的靈感。

這一瞬間，他發現了人生的「偶然性」，這個發現構成了他最重要的哲學主題（按：沙特的哲學思想有兩個重要論點：第一，他否定上帝創造人的說法；第二，他否定決定論〔Determinism〕，認為人有真正選擇的機會，開創自己的生活）。沙特興奮的找來了一個筆記本，把這個想法記在了筆記本上。在他看來，**偶然性是人類生活的最根本狀態，每一個人都是無緣無故被拋到這個世界**，他在生活中的種種遭遇，也都是偶然間遇到的，這點構成了沙特的哲學背景。

在巴黎高師就讀期間，沙特閱讀了尼采、馬克思、佛洛伊德等諸多大師的著作，也做了不少哲學研究，但他的興趣始終沒有真正放到哲學上去。

真正開始具有沙特個人特色的哲學研究，始於一九三三年，那時沙特二十八歲。有一天，研究存在主義現象學的哲學家雷蒙．阿隆（Raymond Aron）對沙特說：「小兄弟，你如果是一個現象學家的話，就可以對一杯雞尾酒大做文章，從中弄出一些哲學來。」

沙特聞言激動得臉色蒼白，因為「**依據自己對事物的接觸與感覺來認識事物，並從中研究出哲學**」正是沙特夢寐以求的目標，他決定跟隨阿隆的腳步，專攻存在主義，從此真正開闢他的哲學之路。

此後，他就每天坐在「花神咖啡館」（按：Café de Flore，巴黎的一間咖啡館，時常吸引許多文人前往，哲學家卡繆〔Albert Camus〕、沙特、西蒙．波娃經常在此駐足，「存在主義」亦是在這裡誕生）裡，時而和他人討論，時而專心寫作。他的許多文學和哲學著作就是在這裡寫出來的。

雖然咖啡館人聲嘈雜，對於許多人來說是難以深入思考的地方，但是沙特卻始終喜歡在這裡工作。而在浪漫的法國人看來，沙特與他的朋友們在咖啡館抽著菸斗、討論問題的場景，簡直就是巴黎最好的文化象徵。

咖啡館裡的沙特保持著自己的個性，即便是每天面對著公眾的關注，沙特依舊不做過多的打扮，也不耍任何名人派頭。據說有次，沙特在咖啡館裡待了整整一天後準備離開，一個男顧客一直盯著他看，在確認是自己所崇拜的偶像後便失望的對妻子說：「妳瞧，沙特居然也擤鼻涕！」

二戰爆發後，沙特應徵入伍，但在三十五歲生日那天早上，他被德國士兵俘虜了。被關押期間，他也繼續構思哲學寫作。然而，德國人允許戰俘看的哲學書，僅有海德格的《存在與時間》（*Sein und Zeit*），這本書也就成了他僅有的參考書。九個月後，沙特被釋放，回到被納粹占領的巴黎，並完成了他最重要的一部哲學著作《存在與虛無》（*L'Être et le néant*）。

在這部書中，沙特闡述了「人的存在是自由的」這一命題。**無限的自由、無限的責任和虛假信念的徒勞，是沙特後期著作最為重要的三個論點**。他的另一著作《辯證理性批判》（*Critique de la Raison dialectique*）則以歷史學、政治學、人類學、社會學和心理學等內容，構築出一門新的學科——人學，在西方思想史上具有劃時代的意義。

在寫作《存在與虛無》時，由於巴黎正處於納粹占領，條件極其艱苦，沙特也經常沒辦法填飽肚子。一九四二年夏天，沙特有次連續幾天沒有吃飯。當他到了一位朋友家，洗完澡後就衝向了餐廳，但只喝了幾口湯就昏了過去。

他在床上躺了三天，期間吃了點送來的湯和水果，倒頭又睡，幾天後才完全醒過來。當時巴黎電力供應也不足，沙特的房間一到冬天就冷得沒法住，只好每天到花神咖啡館去，他寫作都是在那裡完成的。

沙特菸癮也很大，不抽菸幾乎沒法思考。然而當時巴黎香菸也很缺少，沙特只好每天跑到咖啡館門口的路旁撿菸頭，再把菸頭的紙撕開，從中抖出剩下的一點點菸草倒在菸斗裡抽。就在這麼艱苦的環境下，沙特還是堅持把這部偉大的學術著作完成了。

在歐洲，沙特的影響可以說是上至教授學者，下至普通百姓。一九四五年十月，沙特舉行了著名的「存在主義是一種人道主義」（L'existentialisme est un humanisme）演講，聽眾洶湧而至，會場擠得滿滿的，許多人無法入場，於是發生猛烈擁擠，有好幾位民眾被擠暈在地。

演講中，沙特向大眾闡明了他的觀點，並主張「存在先於本質」一說：「我代表的無神論存在主義宣稱如果世上沒有上帝，至少還有一個存在，一個先於本質的存在，一個在可透過任何觀念定義前，便既存的存在；這個存在便是人，又或者像海德爾所說的——人的實在性。」沙特引用了俄羅斯作家杜斯妥也夫斯基（Fyodor Dostoevsky）的名言：「**如果上帝不存在，任何事情都可能發生**。」稱這正是存在主義的出發點。

契約式婚姻，偶然的風流韻事都能接受

沙特的哲學著作雖然充滿了專業術語，但他的思想也可以用於日常生活，應用到每一個普通人身上。而且他的哲學思想廣泛的蘊含在他的小說、戲劇以及傳記作品中，這使得

他的學說更加深入人心，也為他贏得了能夠和柏拉圖、亞里斯多德等大師比肩的地位。

他是一個非常勤奮於寫作的人，從來不放鬆自己，工作時總是坐在硬椅子上，從不坐有扶手的椅子，也從不躺著看書。

為了提高寫作速度，他還大量服用興奮劑。但他並不是一個書呆子，他的工作效率驚人，總能找出時間旅行或度假，享受喝咖啡的樂趣，並不停演繹風流韻事。

沙特身材矮小，四歲時的感冒使他右眼幾近失明，肌肉的協調能力也喪失，後來他的臉上長了許多麻子，沙特便把自己描繪成「癩蛤蟆」。他也會鍛煉肌肉、學習拳擊，培養了富有魅力的人格。由於擁有一副好嗓音、不俗的談吐，以及豐富的學識和幽默感，他總能博取漂亮女人的青睞。而讓沙特更加出名的，是他和另一位存在主義哲學家波娃的關係。

一九二九年，波娃和沙特同時參加法國哲學教師資格考試，口試成績沙特第一名，波娃第二名。這次考試是首次將他們的名字聯繫在一起的契機，從此以後，他們的名字再也沒有被世人分開談論過。波娃和沙特是一對沒有婚姻關係的終身伴侶，協議契約式婚姻的實踐者。

那年，波娃二十歲，沙特二十三歲。某個午後，他們一起看完電影，沙特對波娃說道：「我們簽個為期兩年的協議吧。」契約式婚姻宣告誕生。沙特解釋說，兩人不必結婚，但又是親密的生活伴侶，真誠相愛的同時，各自保持著愛情的獨立自由。

不久，他們又達成了另一個協定：「雙方不應互相欺騙，而且不應互相隱瞞。」即是說他們彼此的「偶然愛情」，都應該毫無保留的告知對方，雙方都有愛其他異性的權利。這兩個協議，他們竟然實行了一輩子。

沙特不贊成結婚，主張兩性關係的多伴侶化，反對靜止的婚姻，希望多方接納來自異性的誘惑。然而，他也與波娃共同建立一種自由、平等，相互信任、相互給予且超越傳統的愛情關係。沙特曾經跟波娃說過：「**我們之間的愛，是一種真正的愛。但是，如果我們能同時體驗一下其他意外的風流韻事，那也是件樂事。**」

波娃則說道：「我們兩人的觀點一致。」她還說過：「我們毫不懷疑的根據自己的意志行事。**自由，才是我們唯一遵循的原則。**」波娃是個雙性戀者，她的一個女學生曾經是她的同性戀對象，據說這個女學生也同時是沙特的情人，三個人共同享受這種情誼，卻互不妨礙。

波娃和沙特一直租住在巴黎的旅店裡，但並不同房居住，一個住樓下，一個住樓上。生活也是有分有合，既有在一起的時間，更有屬於自己的空間，但就是沒有長期同居過。而且，他們一生都是這樣度過的。他們後來各自買了房子，不過相距很近。他們的愛情關係處理得很好，五十年的相處只有一次在不和中分手。

一九八〇年四月十五日，沙特逝世。一九八六年四月十四日，波娃逝世。兩人的遺體同葬在巴黎蒙帕納斯公墓（Cimetière du Montparnasse）。

一九九九年，在沙特和波娃開啟協議契約式婚姻七十年後，法國通過了民事伴侶契約制度（Pacte Civil de Solidarité，簡稱ＰＡＣＳ）：男女只需正式辦理契約合同，不必辦理結婚手續，即可以成為契約式生活伴侶。

據說，今天法國已有數萬對這樣的婚姻伴侶。這種介於婚姻與同居間的新型愛情關係，可謂是沙特和波娃當年契約式愛情的回聲。

作家目的為何？為社會而寫作

沙特年輕時並不關心政治，這在具有優良政治參與傳統的法國知識分子中較為少見。當時法國的知識分子多數都有明確的政治傾向，左翼大多參加社會黨或共產黨，右翼則多有宗教信仰。沙特沒有明確的政治信仰和黨派傾向，也不根據政治態度來交朋友。但不經意間，他交的朋友幾乎全是左翼的知識分子。

第二次世界大戰打響之後，沙特被征入伍。戰場上的見聞和被俘後的經歷，使他開始反思自己之前的政治態度。回到巴黎後，沙特組織了一個「社會主義與自由」（Socialisme et liberté）抵抗小組，反抗法西斯主義。後來他又參加法國共產黨的抵抗組織，為反法西斯鬥爭做了不少的貢獻。

戰後，沙特開始積極參與社會政治活動，他提出**作家應當透過作品介入政治**。他的口號是「**我們必須為我們的時代而寫作**」。沙特站在左派的立場上，參與各種政治活動。他發表文章批評當局，為殖民地人民的民族解放運動，發展中國家人民爭取自由的鬥爭吶喊助威，他甚至前往蘇聯、古巴和中國等地方參觀，並對新興的社會主義制度，提出了寶貴的意見和看法。

後來，沙特的祖國——法國發動了對阿爾及利亞的殖民戰爭。沙特也勇敢的站出來反對祖國，他簽名支持「關於在阿爾及利亞戰爭中有權不服從命令」的宣言，還在自己主編的雜誌上發表反戰文章。這些行為招來了當局的嚴重不滿，法國政府便禁止沙特上電視或者廣播節目，還沒收了好幾期他主編的雜誌。

更恐怖的是，法國右翼還組織了五千名退伍老兵在香榭麗舍大街遊行示威，高喊：「殺死沙特！」當時許多法國人在狹隘的民族主義情緒驅動下，也視沙特為叛國者。他去餐廳時，也會收到不少敵意的眼光。一些極端的右翼分子甚至跑到沙特家攻擊、恐嚇，不過所幸沒有造成傷亡。但沙特沒有被這些威脅嚇倒，他持之以恆的為阿爾及利亞獨立而抗爭，直至這一天最終到來。

此外，沙特也批判了越南戰爭、反對蘇聯侵略捷克斯洛伐克、支持一九六〇年代學生運動等諸多政治活動。直至他去世之前，沙特都保持著自己對於政治積極干預的態度，為世界和平、民主的真正實現而鬥爭。

沙特死後，法國總統希望為他舉行國葬，但遭到了波娃和其他朋友的拒絕，因為他們認為這違反了沙特生前的遺願。一九八〇年四月十九日，沙特葬禮舉行，法國民眾自發為沙特送葬，人數達五萬之多，而其中多數是年輕人。送葬過程中，人們情緒激昂，但秩序井然。沙特讓自己的去世變成了最後一次輝煌的政治活動。

自由不能帶來快樂，承擔後果是痛苦的泉源

「存在先於本質」，這句著名的命題被沙特看作存在主義的第一原理。這個命題實際上即代表：「人的本質是自由的」。以往的思想家總是想當然的替人規定出本質，譬如：「人是理性的動物、人是受欲望支配的動物、人是機器」。

然而在沙特看來，**這些都只是對人某一方面特性的概括而已**。人可以是理性的，也可以是非理性的；人可以是受欲望驅動的，也可以嚴格控制自己的欲望。**世間形形色色的人**

有成千上萬的區別，怎麼可能用一個簡單的定義將人的本質概括出來呢？

沙特認為，人首先是一個「單純的自由人」，人的本質、人的其餘的一切，無不是後來人們自己選擇的。其他事物則沒有這種特性，以剪刀為例，在剪刀被生產出來之前，它已經就被賦予了剪裁的目的和功能，因此剪裁是剪刀的本質。但「人」，一個人成為商人、政治家、體育明星等種種可能，都是由後天選擇決定的。因此人的本質是人選擇出來的，是人活出來的，自然是後於人的存在了。

正因如此，沙特特別強調人的自由。他說：「如果你意識到自己是自由的，那上帝就什麼都不是了。」他認為人總是自由的，因為人總是在做出選擇，人生不斷在給予每個人選擇的機會，即便你不選擇也是一種選擇。

二戰期間，有一位青年給沙特寫信，國難在即，但家中的老母親又孤寡一人，他不知道是該上戰場為國效力，還是留在家中照顧母親。沙特給了他一個在常人看來算不上回答的回答，他說：「你是自由的，因此，自己去做出選擇，也就是去創造自己吧。」

因為在沙特看來，不論是英勇抵抗德國人的游擊隊員，還是為了保全自己和家人而不參戰的普通人，他們都是因為自己而做出選擇。世上沒有，也不應該有一個普遍的道德要求來限制人們，一切都由自己決定。

但自由並不意味著任性，沙特認為，雖然人是絕對自由的，但是人也必須對自己的行為絕對的負責。而且，**正是因為你的選擇是自由的，你才需要對自己的行為負責**。一個奴隸不需要為自己的任何行為負責，因為他沒有自由。

對於那個青年來說，如果他選擇了上戰場，他有可能成為一個英雄，但也面臨著死亡的危險；如果他選擇了留在家裡，他能照顧母親，卻有可能被人責罵是懦夫。

因此，**自由並不能給人帶來快樂。由於我們始終要承擔一切後果，自由也就變成人生痛苦的源泉了**。

哲學家百科

- 尚－保羅．沙特（一九〇五年至一九八〇年），法國哲學家、作家、評論家，存在主義的代表人物，也是二十世紀法國哲學、馬克思主義的領導人物之一。
- 他的名言「存在先於本質」意味著並沒有決定論，也就是說「人是自由的」。沒有人能決定你怎麼造就自己的人生，只有你能決定。但如果你讓別人決定你怎麼活，那也是一個選擇，選擇成為別人期待你成為的那種人。

你所困惑的人生難題，哲學家這樣解答

- 你是自由的，所以你選擇吧——也就是說，去創造吧。沒有任何普遍的道德準則能指點你應當怎麼做：世界上沒有任何的天降標誌。
- 人類註定要受自由之苦。
- 你之所以看見，正是因為你想看見。
- 人有選擇的權利，人透過選擇獲得自己的本質。
- 沒有人妨礙我的自由，是我的生活本身干涉了自由。
- 如果試圖改變一些東西，首先應該接受許多東西。

30 不想活得像機器，就要為生活賦予意義

——德國社會學家、哲學家馬克斯・韋伯

馬克斯・韋伯（Max Weber）無疑是影響了世界的思想巨人，如今無論在哪個國家，只要是研究社會學，就必然會涉及馬克斯的著作。不過他生前的名聲卻遠遜於身後，並且由於一些特殊的原因，甚至不為他故鄉的德國人所看重。

一直到二十世紀六〇年代，由於美國學者的研究，馬克斯的理論才重新被人們重視。此後，對馬克斯的研究越來越多，這座龐大的思想礦山，才終於被人們發現和廣泛利用。

有一個小故事，或許可為馬克斯聲譽的巨大變化提供一個有趣的註解。德國慕尼黑市有一個「馬克斯・韋伯廣場」，人們理所當然的認為，這是為了紀念這位偉大的社會學家。但事實上，這個廣場最初是為了紀念一位也叫馬克斯・韋伯的慕尼黑市議員。

後來在參考了眾人的建議後，慕尼黑市政府終於做出決定，「馬克斯・韋伯廣場」是

為了同時紀念社會學家馬克斯．韋伯和市議員馬克斯．韋伯而命名的。

馬克斯生前生活並不如意，他曾想參加政治，希望成為政治家，試圖在選舉中一展抱負。在一九一九年一月的國民議會選舉中，法蘭克福選區提名韋伯為民主黨候選人，但沒成功。他自己申請成為國會候選人也沒有獲得同意。

後來，有人考慮讓馬克斯做內政部國務祕書，還有人提議讓他做駐維也納大使，或者民主黨委員會委員，但馬克斯最終沒有獲得任何職位。他只參加了一個非官方機構，負責就制定憲法草案問題，向內政部提供諮詢建議。

在學術上，他在大學教書多年，但長時間是見習講師，正式當上教授的時間不多。他熱衷於社會學，但大學要求他只講經濟學和政治學，他只好在講這兩堂課時，插入自己社會學的研究。

馬克斯還患有精神分裂症，曾經一度被迫離開崗位去療養院休息。他和家人的關係不好，和妻子常年沒有性生活，與父親關係更是極其惡劣，就父親去世前兩個月，馬克斯還跟他大吵了一場。而這場沒有和解的爭吵，最終成了馬克斯終身的遺憾。

馬克斯是一個對現代社會提出深刻見解的哲學家。他指出現代社會與古代社會的區別，並不僅僅是在時間先後上的不同，而是從本質上發生了深遠的變化。

馬克斯將現代社會叫作「眾神時代的重新降臨」，所謂眾神時代是指，原有的統一價值觀消失了。在現代社會並不存在，也不需要一個被所有人共同信仰的價值觀念，但是整個社會仍然透過官僚制度、技術手段，緊密的統一起來，不過人與人之間的關係，卻不再擁有共同信仰基礎。

如何不讓自己活得像機器？為了人類福祉而工作

馬克斯認為，傳統社會的特徵就是「整個社會信仰的統一價值觀」，比如西方社會對基督教的統一信仰，中國社會對儒教的統一信仰，這被他稱作「一神時代」。而資本主義的興起，從根本上打破了這種共同信仰的時代基礎，它不再是用一個另外的神來取代原有的神，而是徹底宣布眾神時代的到來。

每個人都可以擁有自己獨特的價值追求，且能夠同時被社會接納，這是現代社會的一個本質特徵。

基於這個分析，馬克斯提出著名的價值中立（Value free）。在他看來，在現代社會中有各種價值觀共同存在，無法判定哪一種價值觀比其他的價值觀更高明。因此，作為學者，在研究過程中，不應受到價值判斷的影響，而要客觀、公正去研究，做到價值中立。

在一次演講中，他明確提出教師在授課時，不應用自己的價值傾向去影響學生，教師的作用只能是告訴學生有哪些價值觀念，但不該告訴學生應當去選擇哪一種價值觀念。

馬克斯對現代社會抱有一種頗為失望的心態，在他的代表作《新教倫理與資本主義精神》（*Die protestantische Ethik und der Geist des Kapitalismus*）中，他最後寫下了這樣一段被人們經久傳誦的段落：

> 沒有人知道將來是誰在這鐵籠裡生活；沒有人知道在這驚人大發展的終點，會不會又有全新的先知出現；沒人知道會不會有一個老觀念和舊思想的偉大再生；如果不會，那麼會不會在某種妄自尊大的情緒掩飾下，產生麻木僵化呢？也沒人知道。
>
> 我可以用以下這句話，來評說文化發展的最後階段：「專家沒有靈魂，縱慾者沒有心肝；這個廢物幻想著它自己已達到了前所未有的文明程度。」

在馬克斯看來，由於現代社會不需要一個統一的價值觀念，**人類的生活方式則會越來越趨向工具化。人類會變得像機器一樣，每日按照社會的準則生活，缺乏精神上的追求和信仰**。人們越來越只考慮到現實，天堂和地獄被人們視為虛妄。

雖然科學正在驚人的進步，經濟每一天也都在不斷增長，但人類的精神追求卻越來越淺薄、越來越虛無，最終只剩下精神的荒漠。這種現象令馬克斯感到深深的擔憂，他只能抱著一種悲觀的心態來面對世界的未來。

如果我們選擇了最能為人類福祉而勞動的職業，那麼，重擔就不會把我們壓倒，因為這是為大家而獻身；那時我們所感到的就不是可憐的、有限的、自私的樂趣，我們的幸福將屬於千百萬人，我們的事業將默默，但永恆的存在。對我們的骨灰，高尚的人們將灑下熱淚。

哲學家百科

- 馬克斯・韋伯（一八六四年至一九二〇年），德國社會學家、哲學家，現代社會學奠基人之一，他與馬克思、愛因斯坦（Albert Einstein）被稱為「對世界歷史產生巨大影響的三個德國人」。
- 他不斷思考「現代社會的根本特質為何」的問題，在他看來，現代社會出現的價值觀衝突，可以說是「眾神時代的重新降臨」，不過他認為價值之間不存在可以相互比較的客觀標準，因此提出了「價值中立」理論。

你所困惑的人生難題，哲學家這樣解答

- 靈魂不經過寂寞和清苦之火的鍛打，完全煉不出任何有價值的東西來。
- 如果你不能陶醉於學問中，那就離學術遠一點。
- 人類是懸掛在自己編織的意義之網上的動物。
- 國家的落後，首先是精英的落後，而精英落後的象徵就是嘲笑民眾落後。

31 哲學不是概念分析，是一門科學

——美國當代哲學家威拉德·蒯因

《真之追求》（*Pursuit of Truth*）是威拉德·蒯因（Willard Quine）的一部重要著作，也是對蒯因整個哲學人生的概括，蒯因想沿著維根斯坦開創的語言哲學路徑，尋找到一條求真的哲學道路。

年輕時，蒯因深受維也納學派（按：Wiener Kreis，一九二〇年代發展出來的自然科學和哲學的學派。關注當時自然科學發展成果〔如數學基礎論、相對論與量子力學〕，並嘗試在此基礎上，探討哲學和科學方法論等問題）的影響，是一個邏輯實證主義者。

一九四〇年代時，他首次閱讀到德國數學家弗雷格（Friedrich Frege）的著作，弗雷格是現代邏輯的真正創始人。從此以後，蒯因對弗雷格異常推崇，他甚至根據一本邏輯書封面上一張一英寸大小的弗雷格畫像，自己用鋼筆再描繪了一張很大的弗雷格像。

蒯因的治學態度極為坦誠。他曾有一部著作《語詞和對象》（*Word and Object*），有人稱它是二十世紀影響最大的哲學著作之一。當年，蒯因把裝著這本書稿的皮包掛在大門的掛鉤上，並對家裡人說，如果失火，這是第一個要拿出去的東西。可見這本書凝聚了他多少心血，他對這本書又是多麼重視。用他兒子的話說，那時蒯因的態度使他體會到了「某種重要的東西」。

然而，到了晚年，蒯因的一些學術觀點改變了。在他看來，這部書中許多觀點並不夠精準。在與一個教授交談時，他又表示這部書不是他最喜歡的，他更喜歡自己寫的那些邏輯教科書。甚至在送給另一位教授的那本《語詞和對象》上，蒯因如此寫道：「送給波特，但是不送他可能會更好。」

有時候，蒯因又顯得過於坦誠，結果帶來了一些不必要的麻煩。他的兒子是電腦專家，但蒯因卻在自己的日記裡寫道：「電腦確實使做事效率變慢了，但是必須說，它們為一些人創造了就業機會，否則這些人就會失業。」結果引發了父子間一場不必要的爭論。

在哈佛大學，教授在退休時有個儀式：校內的許多老師會一同來聽他講一堂課。由於蒯因是著名教授，因此在他的退休儀式上來了許多人，包括哈佛大學的一些領導和知名人士。但蒯因居然就在這麼具有紀念意義的一節課上，慢悠悠講起了上節課留下的邏輯習題。該幹什麼，就幹什麼；不受外界干擾，不為他人所動。這就是蒯因的治學特點。

《從邏輯的觀點看》（*From a Logical Point of View*）是蒯因的一部重要著作，但這部著作的名字，卻是源自一首當時的流行歌曲。據說當時蒯因剛剛完成了這部著作，不過為了想一個好的書名頭痛萬分。

有天，他到一家夜總會散心，聽到舞臺上傳來當時流行的小調：「從邏輯的觀點看，找老婆要找個醜老婆……。」蒯因一下子大受啟發，回去之後就將這部影響深遠的著作定名為《從邏輯的觀點看》。

研究學問，一切從邏輯的觀點看

「從邏輯的觀點看」，可以說是蒯因整個學術研究的出發點。二十世紀的主流哲學是分析哲學，分析哲學有一句響亮的口號：「**哲學的根本任務是對語言進行邏輯分析。**」用蒯因的話說，這種哲學的特徵就是「頻繁使用現代邏輯、關注語言的性質」。蒯因是一位哲學家，也是邏輯學家，他的著作體現了分析哲學的根本特徵。

蒯因曾經說過一句名言：「人們出於兩個原因研究哲學，一個是對哲學史感興趣，另一個是對哲學感興趣。」按照蒯因的想法，哲學在逐漸成為一門科學，哲學史上的許多問題，已經被發現是錯誤的提問。

因而，在他看來，**當代的許多哲學家所關注的哲學問題，實際上已經不能算是哲學問題了，只能算是哲學史問題**。這就像當代的物理學家，已經不需要繼續閱讀牛頓的著作一樣，在蒯因看來，學習哲學的人也不需要過多學習哲學史。

這種觀點對於哲學家無疑是驚世駭俗的，因為長久以來，人們都認為學習哲學就是學習哲學史。眾多當代的哲學家都在強調哲學與科學的不同。但在蒯因看來，這些都是錯誤的觀點，哲學應當發展成為一門科學，這是以他為代表的分析哲學家們，長久以來的心聲。

哲學家百科

- 威拉德·蒯因（一九〇八年至二〇〇〇年），美國當代著名哲學家、邏輯學家，以創立和宣導「邏輯實用主義」而著名。
- 他主張，哲學不應該去探究是否與客觀事實相符合，而應當尋找一種方便的語言形式和概念框架，以是否方便有用為取捨，他認為「哲學不是概念分析」。

你所困惑的人生難題，哲學家這樣解答

- 哲學的根本任務，是對語言進行邏輯分析。
- 只要你堅韌並百折不回，當前的不快總有一天會使你受惠。
- 不存在完美一說，只能說這個世界充斥著蹩腳的化妝師罷了。

32 你以為你在說話，實際上是話在說你

——法國哲學、文學評論、性學家米歇爾・傅柯

一九八四年六月二十五日中午，一個驚人的消息如閃電般傳遍巴黎知識界。廣播和電視臺宣布：「傅柯（Michel Foucault）去世了。」當時傅柯還不到五十八歲。

傅柯去世當天晚上，他的姐姐法蘭辛（Francine Foucault）和德菲（Daniel Defert，傅柯的男性伴侶）到醫院掛號室辦理手續時，看到病歷上的死亡原因一欄裡寫著「愛滋病」。傅柯死於愛滋病的傳聞便不脛而走，四下流傳。

傅柯的一些追隨者試圖保護他，《解放報》（*Libération*）頭版以整版篇幅發表他的照片和悼念的文章，其中一段文字反駁傳言：「傅柯屍骨未寒，謠言就蜂擁而起。傅柯被說成死於愛滋病。一個傑出的知識分子，因為是同性戀者，儘管極其謹慎，但也必然是這種時髦疾病的受害者……似乎傅柯死得不體面。」可惜，所謂的謠言恰恰是事實，而掩蓋和

闢謠，恰恰反映了當時人們對愛滋病的恐懼與對傅柯的愛戴。

在世人眼裡，哲學家應當是充滿智慧、風度翩翩，在課堂上高談闊論的知識分子。但與眾多衣冠楚楚的學者型哲學家相比，傅柯絕對是個「怪胎」。他剃著光頭，穿衣隨便，在公共場合也時常做出一些異於常人的舉止。

傅柯不滿足於過常人的生活，他有一句名言「人之死」（Death of Man），這可以說是繼尼采的狂言「上帝死了」之後，又一驚世駭俗的語錄。

傅柯認為，當我們去**探尋人的本質時，往往會忽略掉許多豐富多彩的可能**。而人應該是自由的，是複雜多元的，因此**不應當給人做出一個本質規定，擺出架子來教育人應該怎麼活**。

他的一生，就是在生活方式上的努力嘗試與探尋。他不相信有一個應該怎麼活的框架，而是應該過自己想過的生活，他拒絕社會與他人對自己的要求。

在生活上，傅柯十分放縱。他早年就開始吸毒，患有很深的毒癮。他還在自己家的陽臺上種過大麻，經常參加癮君子的聚會。他曾描述吸毒後的快感：「我能想到唯一可以和這種體驗相比的，就是和陌生人性交。」

在巴黎高師讀書期間，傅柯患有抑鬱症，曾經兩次試圖自殺。第一次用了刮鬍刀割開自己的胸膛，第二次則是吃安眠藥自殺。一九七八年的一天，傅柯在吸毒後走過自己公寓前的街道，那時已經陷入迷幻狀態的他根本看不清路，被一輛路過的小汽車撞到，差點死去。但他並沒因此而有絲毫的畏懼，甚至很懷念那些時刻。

同時，這位法國最高學術殿堂法蘭西公學院（Collège de France）的教授，除了是一位同性戀，還是個性虐待愛好者。他也在舊金山的同志酒吧度過了許多夜晚，經常光顧性虐待場所。據說他對性虐待的愛好極其強烈，以至於一位曾十分喜愛他的男士，也因無法忍受而離去。

傅柯有一位相交達半生之久的伴侶德菲，他們關係密切，互相熱愛對方，但他們並不要求性的專一。傅柯一生擁有眾多性夥伴，雖然，最終由於性濫交，他失去了生命，但他並不後悔。在他得知自己的病症之後，他依然對自己的朋友說：「還有比為那些可愛的男孩獻身更美好的事情嗎？」

你以為你在說話，實際上話在說你——話語就是權力

當然，傅柯絕非是一個只知道放縱自己、整日沉浸在聲色犬馬中的花花公子，他積極的參加社會活動。早在一九六〇年代，他就參加了法國的學生運動、請願、遊行、示威，

有時還會被員警追打。

一九七〇年代的傅柯，則運用自己的聲望支持改善犯人人權狀況的運動，並親自發起「監獄信息組」（Prison Information Group，簡稱ＰＩＧ），以收集整理監獄日常運作的詳細資訊。他在維護移民和難民權益的請願書上簽名，與沙特一起出席聲援監獄暴動犯人的抗議遊行，冒著危險前往西班牙，抗議獨裁者佛朗哥（Francisco Franco）對政治犯的死刑判決……。

這一切，都促使他深入思考權力的深層結構，及由此而來的監禁、懲戒過程的運作問題，這些想法構成了他在學術上探索的主題。

傅柯的研究涉及面非常之廣，其中最重要的主題當屬話語與權力的關係，即「權力話語理論」。話語，就是我們日常使用的語言，說出來或者寫出來的都是話語。在傅柯看來，權力與我們的話語息息相關。

他仔細考察了知識的起源、發展和結構。他把自己的工作稱為知識考古學，試圖找出「**話語是如何透過權力成為知識，並且發揮其社會作用**」。這一理論簡單來說，就類似於我們所說的「話語權」，在傅柯看來，在一個社會或者一個學科裡，誰能說話、說什麼樣的話，實際上代表著權力的關係，而話語透過知識形式冒充為真理，就可以執行某種社會功能。

傅柯也談過人們對「瘋狂」一詞態度的變化。據他考證，在一五〇〇年之前，瘋狂被視為稱讚之詞，通常認為這種人是極具眼光的。但後來，瘋狂卻被視為需要社會治理和約束的疾病。在這一過程中，最大的變化並不是瘋狂本身的變化，而是社會權力變化所帶來，對於瘋狂的不同理解。

傅柯的理論向我們表明絕對的真理並不存在，**一切知識都應當在具體的歷史環境下加以理解**。同時也向我們說明，語言並不是那麼純淨，在使用語言時，我們始終處在某種權力關係之下。就像傅柯自己說的那樣：「**你以為你在說話，實際上是話在說你。**」

別用努力感動自己

- 米歇爾・傅柯（一九二六年至一九八四年），法國哲學家、社會理論家、語言學家、文學評論家、性學家、後現代主義大師，他自稱是「思想系統的歷史學家」。
- 傅科學說的特色在於，能結合歷史學和哲學，以新的觀點來透視知識、權力與機構（institution）之間的關係，使人了解個人自由的可能及可貴。

你所困惑的人生難題，哲學家這樣解答

- 只要我們不斷校正自己的行為與真理的關係，每個人都可以成為哲學家。
- 話語即權力。
- 當前目的並不在於發現我們是誰，而是拒絕我們是誰。
- 重要的是講述神話的年代，而不是神話所講述的年代。
- 自戀是愚蠢在其舞蹈中的第一個舞伴。

33 專心在腳下走的路，就不會恐懼

——美國德籍猶太人、精神分析心理學家埃里希・佛洛姆

一九〇〇年三月二十三日，埃里希・佛洛姆（Erich Fromm）出生在德國美茵河畔的法蘭克福，這是德國的政治、經濟、文化中心之一。他的父親是一位猶太酒商，生活在這樣一個正統的猶太人家庭中，在他看來，周圍環境就像是一個中世紀的世界。

然而，正是在這個環境中，佛洛姆形成了自己的世界觀，有了自己的理想和崇拜的事物。「我所生活的那個世界，一半是古老的，因為它具有真正猶太人的傳統；一半是現代的，因為我在德國上學，且我的生活條件還算不錯。但是，我仍然很孤獨。不僅因為受到德國人的另眼看待，還由於我所生活的那個傳統古老的世界。」

佛洛姆感到孤單，主要還是家庭的因素。首先他是獨子，而且父母是老來得子。他的父親性情暴躁，只知道為了賺錢而生活，母親則整天鬱鬱寡歡、情緒低落，這都讓佛洛姆

感到寂寞和困擾。

另外，他因為自己的父親是一位商人而感到羞愧，在他看來，商人只知道為賺錢而活著。於是他變得很孤獨，總是期待有什麼東西能將他解救出來。不過在佛洛姆十二歲時，發生了一件對他刺激很大的事情。

他認識了一位二十五歲的姑娘，是一個漂亮又富有魅力的畫家。但她訂婚不久就解除了婚約，總是陪著她那位喪妻的父親。在佛洛姆看來，她的父親就是一個其貌不揚、索然無味的老人。後來她的父親去世了，這個姑娘不久以後也自殺了，並留下遺囑說要和父親葬在一起。

這個消息震驚了佛洛姆：「我從來沒有聽說過伊底帕斯情結，也沒有聽說過女兒和父親之間的亂倫之戀，但這件事深深觸動了我。」也許正是因為這個原因，使得佛洛姆在大學一接觸到佛洛伊德的學說，就對它產生了濃厚的興趣，因為他想從中找到解決自己困惑的途徑。

一九一四年夏天，第一次世界大戰爆發了，當時佛洛姆年僅十四歲。他從自己的親身經歷中萌發了很多問題，戰爭使他感到疑惑和苦惱，促使他思考人類行為的根源，於是他走上了探索人性和社會生活規律的道路。

佛洛姆說：「正是第一次世界大戰決定了我的成長道路。」在後來的學習中，他更進一步看到了社會歷史環境及其發展，對個人人格和行為的深刻影響。他認為正因為社會文化力量非常重要，那麼更應該去分析社會的結構，從而理解社會中的人格結構。

培養「社會性格」，滿足自我又推動社會進步

一九二九年，佛洛姆回到法蘭克福，在法蘭克福社會觀察學會從事心理治療，他一生的研究工作便和法蘭克福學派結下了不解之緣。法蘭克福學派是現代西方哲學和社會學中一個影響較大的學派，其宗旨以人道主義、人性論為基礎，從政治、經濟、哲學、宗教、心理學和文學藝術等各方面，對當代工業社會展開全面的批判。

佛洛姆正是在這一學派的影響下，開始關注群體命運和宏觀的社會趨勢。他把性格分為兩個部分：「社會性格」和「個人性格」。「社會性格」是性格結構中的核心，為同一文化群體中，一切成員共同擁有。「個人性格」則體現為同一文化群體中，各個成員之間行為的差異。

在他看來，**性格是受特定社會文化背景影響而形成，而一旦形成了性格特性，又會推動社會進程**。舉個例子，有一個小店主，他有強烈的儲蓄衝動，並且憎恨浪費；對他來說，

想生存就必須節儉，那麼這種衝動對他就大有幫助，這便是性格的經濟功能。此外，有儲蓄欲的人是其性格使然，如果他能按自己的欲望存錢，還會在心理上得到極大的滿足，這就是性格的主觀功能。

「在一個社會中，如果大多數人的性格，即社會性格，轉化為個人在社會中必須履行的客觀職責，人的精力就會變成生產力，成為社會運轉不可或缺的力量。」其實，這是佛洛姆提出的對理想社會的要求，即**一旦某些需求在性格結構中發展起來，所有與這些需求一致的行為，既能使人獲得心理上的滿足，又能使人在物質上獲得實際利益**。

佛洛姆認為，只要一個社會能夠同時滿足個人的這兩種需求，心理力量就會黏合社會結構。作為法蘭克福學派主要代表人物之一的佛洛姆，著重從心理學的角度入手，用精神分析理論來解釋和批判當代工業社會的各種現象。

在這方面，佛洛姆受佛洛伊德的影響，他曾一度是佛洛伊德的「粉絲」，然而卻並不完全贊同佛洛伊德的「無意識性本能學說」，他不否認人性的歷史性，十分重視社會、文化因素對人格發展的影響。

此外，佛洛姆還深受馬克思著作的影響。在他看來，馬克思主義實際上是一種人道主義，人的解放和人性的張揚，始終是馬克思關注和研究的重點。佛洛姆也曾說：「馬克思認為，社會主義的目的就是人的解放，而人的解放和人的自我實現一樣，處在人與自然相關聯、相統一的過程之中。社會主義的目的就是使人的個性得到發展。」

與佛洛伊德不同，馬克思對人性的認識，是從人與自然的基本關係，即「勞動」入手。如果說在對人性及人的本質的認識上，佛洛姆是融合了馬克思和佛洛伊德的話，那麼在社會批判方面，佛洛姆則更多的吸收了馬克思的思想。

一九三四年，佛洛姆為了逃避納粹的迫害，定居美國並加入美國國籍。他到美國後，先後在許多著名大學和研究機構任職。在佛洛姆執教和研究過程中，他慢慢將自己的思想融入自己的人格理論中，他將性格劃分為兩大類：「生產性導向（productive orientation）與非生產性導向（non-productive orientation）」。並認為後者的性格較不健康、病態。

生產性導向，就是佛洛姆心中的理想人格——創造傾向性的人，是人類發展的理想境界和目標，這種類型的人能充分發揮其潛能，成為創造者，對社會可以作出創造性的奉獻。非生產性導向則可劃分為四個類型：

接受傾向性：這種人沒有生產和提供愛的能力，他所需要的任何東西完全依賴別人，是被動的接受者。

剝削傾向性：這種人並非依靠自己生產和創造，而是從他人那裡索取東西，攻擊或榨取他人，喜歡利用人。

貯藏傾向性：這種人透過貯藏而獲得安全感，他們的哲學是「資產和財富就是安全」，他們與人疏遠，人際關係表現相當退縮。

市場傾向性：這種人在各方面表現為隨雇主的需要而變化的性格特徵，佛洛姆認為，這種類型的人有喪失個人獨特性，變成純粹機器人的危險。

以上四種非生產性導向性格只是「理想類型」，而不是對某一特定個體性格的描述，即這樣的劃分不是絕對的。佛洛姆認為，非生產性人格或多或少會存在於每一個人身上，而我們所要做的就是增加生產性人格。

佛洛姆心目中理想的生產性人格，是一種重視給予和奉獻的人格特徵。而他的想法是**將每一個個體的性格培養成與社會性格一致，如此能夠讓個人在滿足自己需要的同時，也推動社會的進步**。

要達到這兩個目的，佛洛姆提出了他格外重視的社會因素和手段，那就是教育。佛洛姆認為，教育的社會功能在於，使個人具備將來在社會中所扮演的角色特質，也就是將個人的性格塑造得與社會性格相近，使個人的欲望與其社會角色的必然欲求一致。所有社會的教育制度都建立於這種功能之上。

專心在腳下要走的路，就不會感到恐懼

在美國，曾經有幾個學生向佛洛姆請教：「心態對一個人會產生什麼樣的影響？」佛洛姆微微一笑，什麼也沒說，就把他們帶進一間黑暗的房間。在他的引導下，學生們很快走進了這間伸手不見五指的神祕屋子。

接著佛洛姆打開了屋子裡的燈，此時，學生們才看清楚屋子裡的布置，不禁嚇出了一身冷汗。原來這間屋子的下面是一個很大很深的池子，裡面有各種毒蛇在蠕動著，包括一條大蟒蛇和三條眼鏡蛇，而且有好幾條毒蛇正高高的昂著頭，朝他們吐著舌頭。就在這蛇池的上方搭著一座很窄的木橋，他們剛才就是從這木橋上走過來的。

佛洛姆看著他們問：「現在你們還願意再次走過這座橋嗎？」大家你看看我，我看看你，都不作聲。過了片刻，終於有三個學生猶猶豫豫的站了出來。其中一個學生一上去，就異常小心的挪動雙腳，速度比第一次慢了好幾倍；另一個學生則戰戰兢兢的踩在小木橋上，身子也不由自主顫抖著，才走到一半就挺不住了；第三個學生乾脆彎下身來，慢慢趴在小橋上爬過去了。

佛洛姆笑了：「我可以解答你們的疑問了，這座橋本來並不難走，可是橋下的毒蛇對

你們造成了心理威懾，於是你們失去了平靜的心態，亂了方寸，慌了手腳，表現出各種程度的膽怯——心態對行為當然是有影響的。」

無法理解的夢並非不夠清晰，夢有自己的邏輯

佛洛姆對佛洛伊德的著作相當熟悉，他在美國工作期間，有個助手對佛洛伊德《夢的解析》很感興趣。有一天，助手到佛洛姆的工作室去見他。

「佛洛姆教授，我昨天接待了一個年輕的婦女，她對我講述了一個奇怪的夢。」助手說道。

「她做了一個什麼夢？」佛洛姆也顯得很感興趣。

「她說在夢中，她挽著丈夫的手在門口散步，看見一輛馬車剛好停在她家門口。突然，馬車門開了，兩個員警從馬車裡跳了出來，徑直向他們走來。員警走到她面前，向她出示了他們的證件和拘捕證。她還沒有發問，員警就把她推向那輛馬車。那時，她要求和丈夫說幾句話，交代一些事情再去警局，可是那兩個警察不同意……到了警局，他們指控她犯了『殺嬰罪』，懷疑她殺死了自己的親生兒子……她聽到這個指控後非常生氣，向員警高

聲喊叫，於是就醒了。」助手繪聲繪色的描述了那女人的夢。

「確實是一個有趣的夢。」佛洛姆點點頭說。

「後來，她問我這個夢是否預示著什麼？」

「那你是怎麼對她解釋的呢？」佛洛姆問。

「我問她：『你希望被員警拘捕嗎？』她回答不想，好端端的一個人怎麼會自己去找那些麻煩呢？」助手露出非常疑惑的表情說。

「那你有沒有問她，是否想過為什麼員警會指控她犯下『殺嬰罪』呢？」佛洛姆問。

「我問了，她說：『我怎麼可能會殺死自己的兒子呢？』我對這個問題也不明白，所以過來請教您。」

「這個夢是不需要解釋的。」佛洛姆說。

「可是，佛洛伊德不是說，所有的夢都表達了做夢者的一種願望嗎？」助手是佛洛伊德的忠實信徒。

「我覺得，佛洛伊德的這個原則可以解決許多做夢者的問題，但是它不能解釋所有做夢者產生夢的原因。」佛洛姆雖然對佛洛伊德很崇敬，但是在研究過程中經常會提出一些不同的見解。

「佛洛伊德說：『一個沒有翻譯的夢就像是一封沒有拆開的信』，那個婦女的夢究竟應該怎麼翻譯呢？」

「佛洛伊德用翻譯這兩個字眼，實際上並不是非常準確，夢不需要翻譯。夢語有自己的語法和形式，它不可能和現實世界的詞語完全一一對應。」佛洛姆顯然對佛洛伊德的「翻譯說」存有異議。

「那你認為這女人的夢是不需要解釋的了？」助手問。

「是這樣的，**夢不是描述一種事實，而是傳遞一種感覺**。或許夢中的感覺比清醒時更為真實。」

哲學家百科

- 埃里希・佛洛姆（一九〇〇年至一九八〇年），美籍德國猶太人，哲學家、心理學家，新佛洛伊德主義的創始人，畢生致力於修改佛洛伊德的精神分析學說。
- 童年的孤獨和成年後不愉快的經歷，促使他要從哲學上找到這一切問題的答案，佛洛姆一生著述頗豐，主要著作有《逃避自由》（*Escape from Freedom*）、《愛的藝術》（*The Art of Loving*）等。他認為，自由給人類帶來了獨立和理性，但同時又使人陷入孤獨、充滿憂慮、軟弱無力。

你所困惑的人生難題，哲學家這樣解答

- 現代人在幻覺下生活，自以為了解想要的東西，而實際上他所想要的，只是他人所希望他要的東西。
- 只有舊有的老路是安全的，這乃是為什麼人會那麼懼怕自由。
- 人應該做的，不是感到安全，而是能夠接納不安全的現實。
- 愛一個人，並不僅是強烈的情感，它是決心、判斷、承諾。
- 愛的特徵是給予而不是索取。

34

要生存就要變化，要變化就要成長

——法國生命哲學家亨利．柏格森

亨利．柏格森（Henri Bergson）出生於巴黎一個猶太音樂世家，一八八一年從巴黎高等師範學院畢業，獲得「文科碩士」學位和「哲學合格教師」證書。一八九七年，他擔任法蘭西公學院講師，三年後被聘為教授，主講「希臘羅馬哲學」和「現代哲學」，開始了在法蘭西公學院二十多年的講座生涯。

他的講演思想深邃、推理嚴密、言辭美妙，極受聽眾歡迎，以至於每當柏格森講課時，離開講還有兩、三個小時，聽課的人就從四面八方趕來等待。其中有教授、大學生、傳教士、官吏、軍官、社交名媛……教室裡座無虛席，甚至連講臺邊、走廊上、門口和窗戶都擠滿了人。

他講課時，聽眾屏息傾聽，寂然無聲，猶如在教堂祈禱一般。待他講完，人們報以熱烈的掌聲，然後欣然離去。

柏格森發表了一系列有影響力的著作，使他名聲大振，一時間出現了「柏格森熱」。他的演講被認為是當時巴黎上流社會的大事，追逐時髦的巴黎人都慕名前往聽課。貴婦們甚至把柏格森的講堂變成了社交沙龍。

在第一次世界大戰進入僵持階段時，法國已經精疲力盡，迫切需要美國的援助，在西班牙取得外交勝利的柏格森，受命於危難之際，前往美國遊說。柏格森在華盛頓待了幾個月，在促使美國參戰上起到了重要作用。

他以法國政府代表的身分，與美國第二十八任總統伍德羅·威爾遜（Woodrow Wilson）總統徹夜長談。有人對此評價道：「也許正是因為他和美國總統的談話，才使得第一次世界大戰的整個局勢，有了日後的大轉變。」

把美國的參戰歸結於柏格森用語詞打動了威爾遜，顯然是過分誇大了柏格森的作用。不過柏格森在美國所表現出來的外交才能，確實給人們留下了深刻的印象。四年前，柏格森以哲學家的形象出現在美國人面前，如今他則以外交家的身分來招待新大陸的記者們。

有一次，三個記者不約而同敲響了柏格森的房間，柏格森正要外出工作，但又不能把堵在門口的記者趕走，於是決定來一個「閃電戰」。他拿起筆對記者們說：「請各位把來意和問題全都說出來吧。」

他一面傾聽記者們的話語，一面奮筆疾書。當三位記者話音剛落，柏格森就從椅子上站了起來，一面做出送客的姿態，一面向記者們各遞過去一張紙，微笑著說：「你們所問的問題，以及所要的答案，我都寫在紙上了。」三位記者拿著紙條，個個都對柏格森如此敏捷的頭腦敬佩不已。

一九一七年四月，美國政府拋開「中立」的面具，對德宣戰。五月二十八日，美國的約翰・潘興（John J. Pershing）將軍帶領兩千士兵開赴法國。六月，美國大批艦艇出發，投入太平洋上對德國潛艇的攻擊。柏格森為法國政府取得戰爭勝利立下了功勞。

意識是不斷變化的「流」——蒙太奇

喜愛看電影的讀者，一定很熟悉電影藝術中的「蒙太奇」（Montage）手法，高明的導演會巧妙的運用這方法，把觀眾引向故事的意境。

匈牙利著名電影理論家貝洛・鮑拉日（Béla Balázs）曾舉過一個例子：「要說明兩個逃跑俘虜的長期流浪生活，只要表現不停行走的腳就行了。那些腳不停的走動，堅實的軍靴變成了破鞋，破鞋變成了破布，包在腳上的破布化成了碎布塊，最後，流著血的腳還在急速的行走。」

這些鏡頭放映不到三分鐘，卻會讓觀眾以為時間過去了幾個月，甚至幾年。為什麼這種蒙太奇的手法，能使觀眾身臨其境，感受到藝術的效果呢？

因為，**我們的意識是不斷變化著的「流」，於是觀眾便可以在導演的暗示下，把這些鏡頭串起來，接受導演傳遞的時間資訊**。柏格森認為，這種連續不斷的意識活動過程就是「綿延」（durée），或意識之流。

柏格森指出，藝術家所要表現的時間、空間，與藝術欣賞者所在的時間、空間是有距離的。例如，上面的例子中，藝術家表現的時間是長期的流浪生活，表現的空間則是某個戰地，而觀眾看這些鏡頭的時間不足三分鐘，所在的地點是電影院。

因此，柏格森說：「藝術的目的在於麻痺我們人格的活動能力，或者說是抵抗能力。」**藝術家會選擇一些容易引起情感的表述形式，調動人們內心深處的意識流，使其接受藝術家暗示的觀念，引起感情共鳴**。

於是，「時間、空間，在藝術家與我們的意識間築起的一道高牆，就這樣被拆去了」。他認為，綿延作為人類心理深層次的意識狀態，是不易被察覺的。然而，人們藝術審美感的獲得，無法和這種綿延的意識之流作用分開。

世界由「衝動」構成，克服物質抵抗才能向上發展

柏格森是一個善於運用比喻的哲學家，他曾用汽缸來比喻「生命衝動」的論點。他說：「我們可以設想一個裝滿蒸氣、處於高壓狀態下的汽缸，汽缸某處有個小孔，蒸汽由此噴出。噴出之氣在空中達到某一高度，就會凝結為小水珠落下。這種凝結和下落明顯的表示喪失了某種東西，表示一種停頓，一種虧空。」

向上噴發的蒸氣，就是順著生命衝動的自然方向行進；下落凝結的水珠就是由於生命衝動的逆轉而產生。也就是物質。

柏格森用這個比喻說明，整個**世界就是由生命衝動的兩種運動而構成**：一方面是**生命衝動的向上方向，即有意識、有自動力的生命運動**；一方面是**生命衝動的向下方向，即機械的、無自動力的物質**。

所以，他說：「生命是運動，物質則是運動的逆轉。這兩種運動中本質上是一樣的，構成世界的物質是不可分割之流；透過物質的生命，也好似不可分割之流。」

顯然，「生命衝動」在柏格森的思想裡，不是作為物質運動的一種特殊形式，或者是現實的生命，它是一個精神性的本原。柏格森認為，**有意識、有自動力的生命，一開始就**

會遇到機械的、無自動力的物質抵抗，我們必須征服物質的抵抗，生命才能向上發展。

生命的衝動不僅創造了有意識的生命，而且也創造了無意識的物質。因而，柏格森認為萬物的生命衝動與其說是「意識」，不如說是「超意識」。那麼，作為超意識的生命衝動，是怎樣孕育出世界萬物的呢？

為了說明這一點，柏格森又用火箭做了巧妙的比喻。

他說：「意識，或者說超意識，是生命的本原。意識或超意識是這種火箭的名稱，其燃燒的碎片即退化為物質，意識則是存在於火箭自身中的東西，它貫串於碎片之中，並點燃這些碎片使之成為有機體。」

也就是說，生命的衝動在其過程中，出現了作為它的逆轉或退化的產物——無生命的物質。不過，生命衝動仍貫串於物質之中，雖然受到物質的阻擾，但它奮力在物質中打開一條道路，並且終於學會了如何利用物質，設法與物質結合，結果就創造了有機體（即有生命的物體）。

柏格森這裡講的「生命衝動」，不是生命產生意識，而是意識產生生命，「意識」超脫於人的有機體和大腦。**生命衝動的超意識，意味著生命和意識完全離開了產生它們的客觀物質基礎，變成了一種處於現實世界，具體的人以外的神祕力量。**

生命衝動是如何作為動力來推動物種進化的呢？柏格森又用了一個新的比喻。他說，一股噴泉向上噴出，必然從統一的源頭出發，分成為眾多的路線向上發散開來。生命衝動推動物種進化也是如此。

物種進化是以同一個生命衝動作為持續的動力，同時又分化出幾條歧異的進化路線。物種進化的每一條路線依賴兩個系列：第一個系列是「抵抗力」，這是生命在無生命物質那裡遇到的；第二個系列是「爆發力」，這是生命自身具有的。也就是說，**在生命衝動持續的過程中，總會遇到物質不同程度的阻擾和抵抗**。

於是，就有了物質之間的不同結合，形成不同的物種。那麼，物種為何變異？新的物種為何產生？柏格森認為，生命衝動在受到物質的阻擾和抵抗後，發生了局部的停滯，有**停滯的地方就是產生變異、形成新物種的地方**。而生命衝動會永恆不息的爆發出來，始終作為唯一的動力，貫串變異、進化的過程之中。

柏格森以炸藥做比喻，來說明生物進化中動物和植物的分化：「最初的生物似乎游移在動物和植物之間。最初的生命有兩種功用，一是製造炸藥，就是利用物質來積蓄潛力；二是點燃炸藥，讓它爆炸，或者說把炸藥運用到運動，所謂運動就是釋放所積蓄的潛力。動物和植物分化開的兩個歧異發展方向，都是生命衝動的展開。然而，生命最初集合在一處的兩種功用也就分化開了：植物趨向固定性，專門從事製造炸藥；動物趨向運動性，專門從事進行爆炸。」

人的本質，就是意識之流——「綿延」

每個人都有記憶，為什麼要特別研究它呢？因為**記憶是「心」與「物」聚合的地方。**例如，我在回憶自己從前做過什麼事時，雖然過去的事已經過去了，但我竟然可以把它回想起來——回憶代表了我的腦，把心靈過去所得的經驗（人、事、物），重新再回想起來，所以它是腦作用的結果。

但這真的是腦的作用嗎？柏格森特別研究了失語症，他的結論是：若人的腦部受傷，就會損害他「整體」的語言能力，而不是腦的某一部分受傷，語言的某一部分就跟著遺失。

如果是後者，那麼當我們把電腦的晶片放進人腦裡，人就可以擁有所有的資訊了。電腦可能如此，但人腦不一樣。人腦如果可以分割，每一部分處理不一樣的問題，某些人就會加強某一部分腦的功能，讓它特別發達。事實上，人腦不是這樣的，它會關係到人的整體能力。

柏格森認為，**人的記憶有兩種。第一種是像馬達一樣的機械式記憶**，鸚鵡的表現就是一個例子。有些人對鸚鵡能夠說話感到不可思議，其實這並不稀奇，鸚鵡的記憶力對聲音特別敏感，它聽到聲音後會記住學習，再把同樣的聲音發出來。

例如，一隻鸚鵡被訓練後，見到客人都會叫「歡迎！歡迎！」。但是，當小偷來時，它仍然會叫「歡迎！歡迎！」。這就屬於機械式記憶。

另一種記憶屬於精神上的記憶，如果從一個人的過去中，抽離某一段出來，他的過去不會因此就消失，他仍然是過去整體生命過程的代表。所以，我們對於過去發生的事，都會盡量去想愉快的經驗，只是在想到時，各種複雜的感情隨之出現，愛恨交加。

記憶到底好不好呢？如果所有的記憶都同時存在，人根本不能行動，人在行動時會受到記憶的影響。例如，我要做某件事，我的記憶會告訴我應該怎麼做，我要做另一件事，我的記憶又會篩選出另一個模式來。

如果我的各種記憶同時出現，那麼我根本不能行動。所以，柏格森探討記憶時，以大腦為研究對象，是有相當的科學基礎的，並不完全是靠玄想的哲學。他研究大腦的結構，看它受傷後有什麼症狀之類，就是要強調物質與心靈是以這種方式直接聯繫。

在談到心靈與身體關係時，一般有以下四種說法：

第一種說法主張身體與心靈是一個整體。但柏格森認為這種說法太粗糙了，因為身體與心靈屬於兩種不同性質的東西，不加分辨就把它們合在一起，似乎不夠深刻。

第二種說法主張身體是心靈的工具。譬如，我心裡想舉右手，身體就舉起右手；我心裡想舉左手，身體就舉左手。但是，身體本身似乎缺乏自主性。事實上，並非如此。例如有時我的身體感知到一些狀況，當我的心根本還沒有下命令時，我的肢體就做出反應了。由此，可以證明我的身體不完全受腦控制，尤其是不完全受思想所控制。

第三種說法主張心靈是身體的一個「現象」，自身並沒有存在的理由。換句話說，我為什麼思考呢？因為我的腦正在分泌某種物質，所以我思考。

第四種說法主張身心本來就是一體兩面，亦即身心是平行的。

柏格森認為這四種說法都有問題，他認為身體與心靈是兩個不一樣的東西，而真正屬於人的還是在於心靈方面。柏格森主張：人的自我，就是他的意識；他的意識，就是綿延的整體。

因此，**「身體是我要執行我的意識時的一個工具」**。因為行動是由身體在表現，任何一個行動，如果是出於我的意識所決定，就等於由我的整個生命在決定，而且，這個行動是自由的，是屬於我的行動。

如果我的行動透過身體表現出來，只是一個機械化的運作，而不是我的整個意識在決定，那麼這行動是外在的。例如，我見人就敬禮，「敬禮」代表什麼呢？如果我缺乏整體生命的意識作為基礎，那就不代表尊敬，只不過是我的手在揮一揮而已。

有些人笑裡藏刀，有些人表面很客氣，可是心裡卻與你作對，這些正是柏格森指出的，人可以表現許多行動，但不屬於自己，而屬於一般外在性的社會規範。同時，人也可以表現某些自己真的想要做的行動。

其次，人的記憶是藉由過去的經驗對象，來解釋現在的對象（也就是知覺）。例如，你所感知到的東西是具體的存在，像是茶杯。知覺是依靠心靈所提供的意象，如果沒有提供意象，我們又怎麼能知道這個東西是茶杯呢？

我們知道它是茶杯，因為我們過去看見過茶杯，在我們的記憶裡有茶杯的意象，現在看到茶杯時就把意象表現出來。所以，**知覺是為了掌握現在的對象，記憶是為了掌握過去的對象，這兩者要攜手合作**。

一般而言，知覺屬於身體的作用。我看到這塊桌巾是黃色的，就桌巾是黃色的而言，我不能改變它，但是在我的記憶裡桌巾可以是藍色的。所以，記憶屬於精神層面，記憶可以調整過去曾發生的事。

哲學家百科

- 亨利．柏格森（一八五九年至一九四一年），法國哲學家，生命哲學的代表人。其哲學宗旨是建立一種以哲學為基礎，新的「形而上學」，以擺脫近代科學所採用的抽象、分析式方法，並借助於直覺把握真正的實在，故稱為「直覺哲學」。
- 柏格森的哲學顯然與唯心論和唯物論都不一樣，一方面對法國的傳統，如笛卡兒的心物二元論，保持欣賞的態度；另一方面，他以實證科學研究自然界時，也肯定精神上開展的可能性。所以，他思索的是：到底人的生命意義在什麼地方？人的生命意義如何界定？

你所困惑的人生難題，哲學家這樣解答

- 要生存就要變化，要變化就要成長，要成長就要不斷自我創新。
- 要作為思想家去行動，還要作為實踐者去思考。
- 一切惡行都圍繞虛榮心而生，都不過是滿足虛榮心的手段。
- 真正的謙虛，是對虛榮心深思以後的產物。

Think 230

別用「我很努力」感動自己

你已經盡力了的難題：缺錢、失戀、找不到目標、不敢做選擇……
哲學家們都遇過，他們這樣找出了解答。

作　　者／劉　睿
責任編輯／張祐唐
校對編輯／李芊芊
美術編輯／林彥君
副總編輯／顏惠君
總 編 輯／吳依瑋
發 行 人／徐仲秋
會計助理／李秀娟
會　　計／許鳳雪
版權經理／郝麗珍
行銷企劃／徐千晴
業務助理／李秀蕙
業務專員／馬絮盈、留婉茹
業務經理／林裕安
總 經 理／陳絜吾

國家圖書館出版品預行編目（CIP）資料

別用「我很努力」感動自己：你已經盡力了的難題：缺錢、失戀、找不到目標、不敢做選擇……哲學家們都遇過，他們這樣找出了解答。劉睿著 . -- 初版 . -- 臺北市：大是文化有限公司，2022.03
304 面；17×23 公分 .--（Think；230）
ISBN 978-626-7041-76-5（平裝）

1. 人生哲學

191.9　　110020284

出 版 者／大是文化有限公司
臺北市 100 衡陽路 7 號 8 樓
編輯部電話：（02）2375-7911
購書相關資訊請洽：（02）2375-7911 分機122
24小時讀者服務傳真：（02）2375-6999
讀者服務E-mail：haom@ms28.hinet.net
郵政劃撥帳號／19983366　戶名／大是文化有限公司

法律顧問／永然聯合法律事務所
香港發行／豐達出版發行有限公司 Rich Publishing & Distribution Ltd
地址：香港柴灣永泰道70 號柴灣工業城第2 期1805 室
Unit 1805,Ph .2,Chai Wan Ind City,70 Wing Tai Rd,Chai Wan,Hong Kong
Tel：2172-6513　Fax：2172-4355
E-mail：cary@subseasy.com.hk

封面設計／林雯瑛
內頁排版／陳相蓉
印　　刷／緯峰印刷股份有限公司
出版日期／2022 年 3 月初版
定　　價／新臺幣 390 元
ISBN／978-626-7041-76-5（平裝）
電子書ISBN／9786267041772（PDF）
9786267041789（EPUB）

Printed in Taiwan